こうすれば幸せになれる！

実録・三歳からの手相診断と岐路別運命学検証本

松村 命沙
Meisa Matsumura

文芸社

はじめに

この本は、手相と運命学を利用してきた私の人生の検証本です。私は二十歳の時、ボストンバッグ一つを持って自分さがしと道を拓くために、独り上野駅に降り立ちました。宮城での成人式を終えて、上京を反対する両親との話し合いで、二年間の約束で希望を持って上京してきたのです。

私は六十三年間生きてきて何度も死ととなり合わせになってきましたが、それでも人生は波瀾万丈のほうがおもしろいと思っていました。そして、運命学を自分の人生に利用し岐路をチャンスにし、適職を天職にし、開運していけたらと思っていました。

上京してすぐくらいの初めての休日に、デパートの占いコーナーの先生に相談しました。この日が運命学との出合いです。

私は同時期に三人の先生に「適職占い」をしていただきました。三人の先生は全員が「美容師」と伝えてきました。私はいつか、美容師に挑戦してみたくなりました。天職に就いて、人生を豊かに楽しく生きたいと思ったのです。それから毎日、出会う人の髪を見る習慣ができました。今の髪型は似合うか、似合わなかったら似合う髪型はどれか。毎日がおもしろくなりました。やはり私は人に喜んでもらえる美容師になろうと決心しました。

そして今、整体をしたり人生相談にのったりして、元気になって喜んで帰っていく人の姿を見ると、私も元気でいられるのです。

私は宮城県登米《とめ》市の農家の長女として生まれました。今でも道でキャンピングカーとすれちがうといつも思いだすのは、小さい頃鶏舎でニワトリに追いかけられて泣いたこと。キャンピングカーを正面から見るとトサカに見えるのです。怖いです。花火も音が大きくてびっくりして、怖い時期がありました。父は農閑時に出稼ぎに出ていました。小さい頃はジフテリアに罹って命が危なかったり、耳が弱く、耳の病気にも罹りやすい子供でした。物心がつき成長するにつれ、家族内の不和で気を病みました。「仲良くして」と言っても無理でした。

小学一年生の時のことです。父が出稼ぎに行っている時期でした。下校して帰宅した家に母の姿はなく、誰も教えてくれません。毎日が悲しみでいっぱいでした。ショックで言葉数が減り、泣いてばかり……。下校後はまっすぐ帰宅せず、神社の境内で夕焼けを見てから、仕方なく家に帰りました。大好きな母。母のいない家は淋しかったです。今でもときどき、涙が出ます。六十三歳なのに母が恋しくて、涙が出るのです。「オバカさん」です。三時間も泣き続けたこともあります。

二ヶ月後に家の門で私を待っていた母を見つけて、私は喜びに震えました。私と弟を迎えにきてくれたのです。私たちは両親の住む東京に行きました。母は父の住むアパートに住んでいました。三畳間に四人で、半年間暮らしました。狭い部屋でも心はぽかぽかでした。私は両親のいない不幸と両親のいる幸せを同時期に味わったのです。やはり、家族は一緒にいるべきだと思いました。母は必ずあとで迎えにくるつもりで家を出たらしいのですが、メモ書きでもお手紙一つあれば、違ったと思います。この時の思いも人生相談の「こやし」になっています。

転校生になって東京の小学校に行った時は、訛りをからかわれ、石をぶつけられ泣いて帰宅。登米市に戻っても、共通語でいじめられっ子。この時「郷に入っては郷に従え」ということを学んだものです。家は貧しく、悲しいことが続きました。家族が仲良くできないものかと、いつも思い悩んでいました。思い出の曲「夕焼け小焼け」「こいのぼり」「ふるさと」は転校生の私が忘れられない曲です。

高校時代には、両親の家出の原因を知るべく、東京で住んでいたアパートの管理人に会うために、家出のまねごとをして両親に心配をかけてしまいました。高校を早く卒業して、家を出たいと思っていたのです。十八歳で東京のサービス業の会社に集団就職した私は、人と接することが苦手でしたので、そんな自分を変えようとしていました。

これは就職してから知ったことですが、両親は家が貧しいため、中学卒業後は私を就職させようと思っていたようです。そんな時に、中学三年生の時の担任の大友先生が訪ねてみえたそうです。先生は、「高校に行かせてあげてください」と頼んで帰ったとのこと。その頃、毎日のように「勉強しなくていい」と両親に言われていたので、どうして高校に行かせてもらえることになったのか不思議に思っていたところでした。この話を聞いた時、先生は仙台の病院でガンと闘っていらっしゃいました。私は急いで先生の元へ行き、お礼を言ってきました。感謝しています。

就職し、やっと仕事を覚えた矢先に、母から連絡がきました。同居している祖父母が同時期に寝たきりになったので、戻ってきて介護を手伝ってほしいと言うのです。十九歳で私は呼び戻されました。そして、母と一緒に介護をしました。大人用紙おむつのない時代でしたので、大変でした。

祖母が亡くなって、祖父が元気になった一年後。先に書いたように成人式を終え、私は自分の道を拓くために、ボストンバッグ一個だけを持って、両親の反対を押し切り上京したのです。その後、血圧が七十と五十になり、寮で倒れて眠り続けたり、結婚する時も相手の家が遠いということで、双方の両親に反対されたりしました。無事に結婚しましたが、核家族で共稼ぎを選んだ私は出産直後、病名のつかない、原因不明の寝たきりとなってしまいました。座ることもできなくなった私は、生まれたばかりの長女の世話もできず、主人の実家に長女を預けなければならなくなりました。長女が毎日のように泣いている夢を見たものです。あの時は悲しかったです。一生、寝たきり生活になるのではないかという不安な日々。忘れられません。私の子供を親身になって面倒を見てくれた兄嫁、ありがとうございました。

早く健康になり、子供と暮らしたい一心で、近所のマッサージ師の女性に一週間毎日揉んでもらい、病は完治しました。過労だった気がします。この時の経験が、のちの美容室内に整体ルーム併設へと繋がるのです。

この病のあとは思いきって仕事をやめて、家で内職をしました。数年間、専業主婦でした。この時に仕事手相から専業主婦の手相になり、手相は一日で変わることがわかりました。その後、友人の裏切りを知り、私は心がずたずたになり、どうしていいかわからないつらい時期が数年間ありましたが、寝酒に自分で作った果実酒を研究しながら嗜むようになり、ストレスを減らす努力をし、持ち前の楽天主義で夢を持ち、目標を持つことでのりこえました。この時の経験も人生相談のこやしになっています。

私が三十七歳の時、主人がストレスで下血。駅の階段を昇れず家に戻ると、玄関でばったりと倒れてしまいました。主人は半年で二十キロも体重が減っていて、ガンではないかと心配しました。不安な毎日を過ごしたものの胃潰瘍でした。手術もせず、現在に至っています。幸いでした。

この三十七歳の頃から自分のことについて、予知夢を見るようになりました。未来は夢で教えてもらいます。不安に思う気持ちが強い私は、予知夢を見るようになってから、気持ちが安らぐようになりました。気に留めていなかったのですが、眠りが浅い時に、そうなることもわかりました。五十五歳の頃、浅い眠りの時に白い丸いものが左上のほうから急に頭の中に入り、その直後から相談者が幸せになる言葉が次々と出てくるようになりました。神様から言わされているような感じなのです。

そして主人が倒れた時、私が三十七歳の時がまさに、「その時」の訪れだったのです。私は一年前にまさかの予知夢を見ていました。万が一、私は主人が病気になった時に言う言葉を用意していました。私が二十歳の頃より、折をみて美容師の資格を取りたいとお願いをしていました。実際に倒れた直後に手に職をつけて安心したい旨を伝えて、主人の許可を得ました。そして、浅草の美容室に見習いとして就職した私は、美容学校と整体学校に入学しました。長女が八歳、長男が三歳の時です。入学金、月謝などの費用は、「夢貯金」（第1章参照）をしていましたので助かりました。そして四十一歳の時。私は美容師、整体師、車の免許を、苦労して手に入れたのです。

その後、どんな美容室を作ろうか考え、少しでも皆様のお役に立つ形をとろうと二十四時間

仕事をしていた時の手相

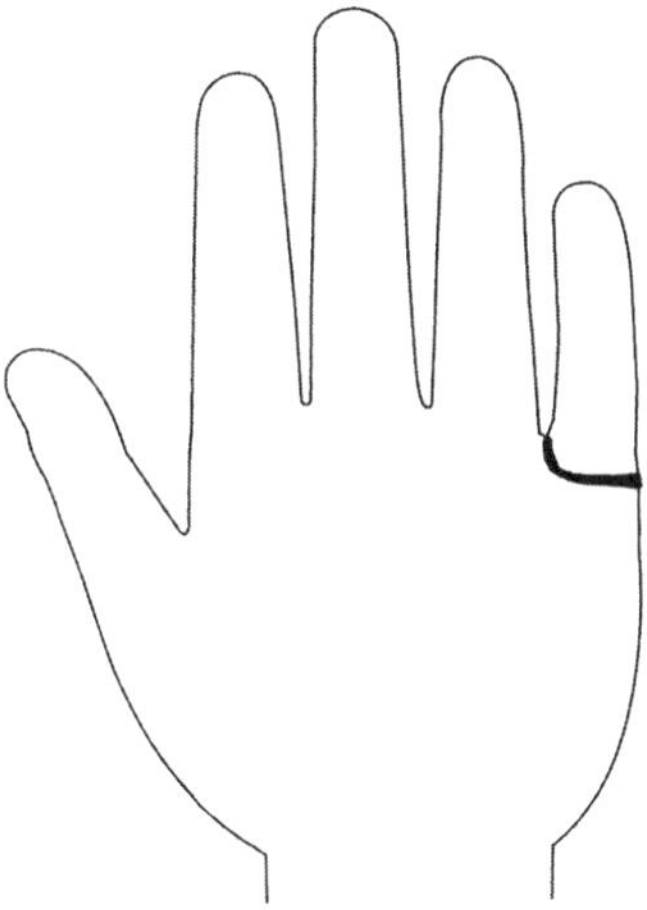

専業主婦の手相

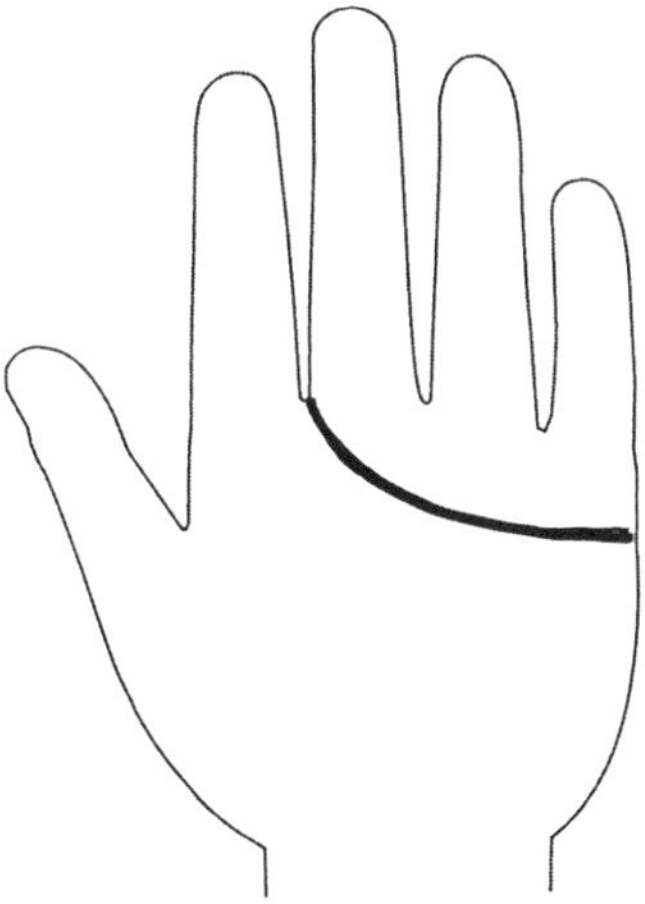

にこだわりました。そして、四十八歳でつくば市に念願の、「美と健康」をテーマとした整体ルームを併設する、便利な二十四時間営業の美容室をオープンしました。スタッフも多い時は十五名いました。あの頃は若いスタッフと朝まで語り合ったりして一緒に「青春」をしていました。

六十歳少し前のことです。急に左耳が聞こえなくなりました。原因は加齢でした。難聴は治らないと言われました。薬もないのです。どんどん聞こえなくなります。私はなんとかしようと懸命になりました。ひまわりの種を食べたり、耳のまわりをマッサージしたり、血液が耳のまわりにいくように、自律神経訓練法にも取り組みました。そして一年後、病院の診断結果は「誤診」と出ました。そのあとのことです。今度は急に声が低くなりました。声がつまって出なくなり、病院に行きました。声帯にポリープができており、手術日が決まりました。取ってみないと良性か悪性か判断ができないとのこと。失敗したら声が出なくなることもあると言われ、不安になりました。私はなるべく話さないようにし、のどあめを毎日舐め、神様にお祈りしました。特に信じている宗教はなく、自分の中にいる神様にお願いをしていました。するとどうでしょう。手術日の二ヶ月前にポリープは消えてなくなっていました。

人は短くて十年、長くて五十年間も大変な苦労をする時期があると、運命学で教わりました。私の場合は、五十年間ありました。父は他界し、やっと母に直接、なぜ私たち二人の子供をおいていったかを聞くことができたのも、五十歳になってからです。聞いて納得しました。母は母で大変だったことを知りました。私は胸があつくなりました。母に直接聞いてから抱きしめてもらいました。長い時間抱きしめてもらいました。私はもっと早く聞けばよかったと思いました。聞くことをためらっていた自分が情なくも思いました。私にとってのターニングポイントです。四十二年間かかって霧がはれました。六十三年間生きてきて、強くなった自分がいます。何があってもへこたれないと思っています。もまれてきたからでしょうか。そして、私が整体をしたり人生相談にのったりして、元気になって喜んで帰っていく人の姿を見ると、私も元気でいられるのです。

これはすっかり忘れていた、夢の話ですが……。

小学校時代は「歌手」、中学時代は「作家」、高校時代は「作詞家」。私の憧れていた職業は、安定した収入を得ることができないものばかりでした。そして私は長男に夢を託し、作曲家にしたくて長男の命名もしました。この密かな想いは、誰にも伝えたことはありませんでした。命名どおりになるなんて、思っていませんでした。

そして私は平成二十年頃、初めて冗談っぽく美容院のお客様との会話の中で、長男の名前の由来を話しました。お客様が帰ったあとで長男は、「だから僕の頭の中は、音楽のことばかりなんだね」と言いました。
常々不思議に思っていたと話した長男は私に、「名前のせいかも」と言いました。たしかにクリエイティブな仕事に就ける名前をつけ、三歳からピアノ、小学三年生でギターも習わせました。音楽が好きになる環境を与えるために、部屋にドラムの練習台やラジカセ、マイク、CDセット、歌謡曲の本を用意し、私は働きバチになっていました。それでも一言も、「作曲家になって」とか、「歌手になって」とは言っていません。長男が小学校二年生より作詞作曲をしていたのも知っていました。でも、そのように導いた責任は感じていましたが、子供の意思を尊重してきました。

私は六十歳の時に生き方を変えました。六十歳までは予約が止まらず三十九時間美容をし続けたという金字塔があります。それは私の中で素晴らしい思い出です。美容院を完全予約制にして、一人経営の一生現役でやっていけるスタイルにしたのです。長男三十歳、私六十歳の頃より、芸の道に入る暗示を運命学で受け止めました。それを検証すべく、長男と二人で子守唄指導員となり、やがてコーラスグループを結成。作詞作曲活動も始め、歌のボランティアでデイサービス施設を訪問しました。訪問先の方々に心が届くように、伝わるように、健康に気をつけるようにもなりました。

そしてある時、カラオケ大会に出た私は、それがきっかけで歌手としてデビューしたのです。「あなたの声は、クリスタルボイスだ」と言われ、今さらながら自分の声の特徴に驚きました。私の歌声を聴いて鳥肌が立ち、体が震えたり、涙が出る人もいたりして、びっくりしています。「クリスタルボイスはいつからか」と問われますが、自分にもわかりません。

そして、六十歳から歌う楽しみを生きがいにしようとしていた私に、音楽をする者にとって大切な耳と声の病を六十歳前に与えていただきました。「大切にしなければ歌を続けられない」と、私に認識させてくださった私の中の神様、ありがとうございます。大切にします!!

息子の夢を叶える方向に導くつもりで行動しているうちに、自分の夢を掘り起こすことになり、自分の夢まで叶えてしまった私は、本当に幸せです。

今後はそれぞれの歌手に合った曲の提供をして、ヘアメイクや衣装なども併せてプロデュースして、ステージに送り出す仕事もしていきたいと思っています。

これからが新しいスタートだとします!!

目次

はじめに　3

第1章　誕生から進学まで　19

1　子供の誕生（姓名判断　手相　運命学）　21

胎内記憶の話（スキンシップの大切さ）　21

子供との関係　23

2　無駄な教育費（「おけいこ」の費用）をかけるのはよしなさい（運命学　手相）　29

夢を持たせる教育指針（「好き」を優先）　29

我が家の子供たちが行っていた「おけいこ」と、その期間　32

「夢貯金」の話　33

3　学校選択（本人が決める　運命学　手相）　36
「好き」を大切に　36
「発達凸凹」の話　38

第2章　社会への旅立ちと結婚・そして老後 —— 41

1　職業選択（本人が決める　運命学　手相）　43
「天職」「適職」を知り、活かされる道を探す　43
人との出逢いで「ツキ運」が始まる　45
2　結婚相手選択（姓名判断　手相　運命学）　47
相性を知る　47
松村家の未来予想図と私の目標　50
「価値観」と「尊敬度」　53

3　第二の人生（活かされる自分の道　運命学　手相）　55
老後の生きがい　55
いつから準備をすべきか　57
4　寿命を知り、残りの人生を充実させる（手相で寿命を知る）　59
寝たきりになった時のことを考える　59
家族が困らないように、「終活」をする　61
社会福祉協議会に気軽に行く　63
第3章　三歳からの手相診断とめずらしい手相 ―― 65
1　手相の歴史と手相の基本　67
手相の歴史　67
基本の手相　68
質問コーナー　子供の手相で才能がわかりますか？　70

2　三歳からの手相診断　72
あなたは何型？　72
3　金運手相にする方法とQ&A　83
金運手相にする方法　83
基本は見守り　85
4　「ジュエル　レイン」親子で叶えた夢の話　検証結果　86
二〇〇八年三月の記事の検証（情報誌「シティオペラ」掲載）　86
5　突然現れるめずらしい手相　89
あなたの手相にありますか？　89
あとがき　110
岐路をチャンスにするために　111
参考文献　113

第1章

誕生から進学まで

1　子供の誕生（姓名判断　手相　運命学）

胎内記憶の話（スキンシップの大切さ）

「天から見て、親を選んで生まれてきた」と答える子供が何人もいるという話を聞きました。

授乳も大切な理由がわかりました。授乳中に母体から出るプロラクチンやオキシトシンというホルモンは、母親からの愛情を子供に伝え、母と子の結びつきを促進する働きがあるそうです。

母子間の愛情やスキンシップの不足が、家庭内暴力や子殺し、虐待の一因になっているのではないかと言われてもいます。神が結びつけてくれた親子なのに、残念です。

私も胎内記憶の話を聞いてから、神が私に預けた子であれば、子供の良さを活かして育てあげて、神に喜んでもらいたいと思うようになりました。その子が活かされる生き方をすることで役目も全うできるのであれば、親子で頑張って成長すればいいのです。

打たれ強くなると、ストレスをコントロールできるようになります。やがて自分から困難に飛び込めるくらいになり、強い自分になれるのです。ストレスも活かし方次第ですね！！！

子供との関係

子供を持つということは、親になって育てていくということです。最初から親になる自信なんて誰しも持っていません。愛する夫との自分の子供がほしい一心で決意するのです。出産をスタートととらえて、夫婦で失敗しながら、自信をつけていくといいかもしれません。私もたくさん失敗をし、いまだにわからないことが、たくさんです。オロオロ人生ですが、失敗してもまた立ち上がりたいです。

家庭の役割はたくさんあります。健康な心と体を作る元となる食事を用意することも大切な役割ですし、「幸せ」の価値観を教えるのも親の役割です。親子の信頼関係を築いていくのも、重要な夫婦の共同作業です。

毎日、なんでも一緒にやって教えていくといいですね。親子のふれあいから、子供は学習するのです。「お父さんってスゴイ!!」という尊敬の念から、信頼関係が生まれることもあるでしょう。子供が困った時、相談できる空気があれば、子供も一人で悩まずに親に相談してくれる確率は高くなるでしょう。答えが一つではないことも、気づかせるべきです。子供の心の引き出しは、いつも開いていています。そこに、いろいろなものを入れてあげましょう。そうすればやがて子供は、臨機応変な答えが用意できるようになります。

就学前くらいになったら、家事のお手伝いをさせ、「ほめごろし」をすることも大切です。小学生になったら、「お手伝い賃」をあげて貯金をさせたり、お小遣い帳をつけさせたりして、金銭感覚を身につけさせましょう。

月に一度、家族会議を開くのもいいかもしれません。カレンダーに家族全員の予定を書き、家庭内の問題点と改善点を話し合うというのはどうでしょうか。慣れてきたら議長も順番で交替。先月の反省を述べ、今月の目標も設定すると、確実にリーダーシップが養われるでしょう。

私は長女が思春期に入った頃、市のセミナーに参加しました。テーマは、「思春期の子との接し方」で、ポイントは、「うるさく言わないこと」。そして重要なのは、「お腹、空いてない？」の言葉かけと、必ずおやつを用意しておくことだそうです。手作りのおやつであれば、なおのことよろしいでしょうという内容でした。

次に、子供を育てるうえでの、私なりのポイントを八つ掲げておきます。これは人から聞いた話も入っています。

①甘えさせる努力をする

幼児期の子供は、「甘え」と「わがまま」をくり返しながら自立していくものだそうです。

その間に、「愛されている」という気持ちを根づかせることが、大変重要です。この気持ちがあれば、自殺する子も少なくなる気がします。それに、「愛されている」と思う子は自分が大好きでしょうし、まわりの人をも愛せると思います。

②しつけ上手になる

甘えさせ上手になった両親の次の努力は、しつけ上手になること。あと片づけや玄関の掃き掃除など、教えられることは教えましょう。やりたいことを好きにやらせて様子を見て、「できたね」とほめ、「すごいね」とほめごろし。やめずに長時間やれることに、その子の才能の芽が潜んでいます。様子を見続けましょう。

③聞き上手にする

「しつけ上手」に自信がついたら、その子によっても違いますが、遅くても小一の頃から、少しずつ聞き上手になるようにします。

④話し上手にする

会話のピンポンができるように訓練しましょう。

⑤目標を作り努力、実行する

目標を掲げて努力し、実行していけるようにアドバイスします。まず料理のお手伝いから始めるのもいいし、お風呂掃除をしてもらい、毎日やることでお小遣いを与えるのもいいと思います。

⑥臨機応変に対応できるようにする

用事があってお手伝いなどができない日があれば、パニックに陥らないようにするために臨機応変に対応できるように仕向けて、優先順位が毎日入れ替わるものだということも教えていきます。その場面になった時に言葉で伝えて、一緒に実行。同じようなことが何度も起こると一人でも対応できるようになります。両親が面倒がらずに、一緒に体験していくことがとても大切です。

⑦幸せは自分次第

「幸せ」という意識は、視点を変えることや、心の持ち方で変わるということを教えていきましょう。子供の話をよく聞いてアドバイスを与える時に、そのつど視点の変え方や心の持ち方で行動が変わり、毎日生活状況が変わることを実感させるとよくわかると思います。ここまでくれば、もうゴールは近いです。

⑧自分磨きをする

あとは自分磨きの話となります。失敗しながら学んでいきます。社会生活は、工夫次第でおもしろくなります。仕事も、「拘束されている」と思うとイヤになるので、「ゲームをしている」と視点を変えると楽しくなってきます。私は社会人一年生の時の最初の職業は、スーパーの中のお肉屋さん勤務でした。「百グラムのお肉が、一度で量れるか」なんていうのはどうでしょう。最初は多かったり少なかったり。チャレンジし続けると楽しくなってきます。慣れてくるとお客様に言われた量を一度で量れるのですから、超感動です。一度で量れるようになったら、毎回チャレンジし続けます。次の目標は一日中、全て一回で量れるようになることです。こんなふうに考えの視点を変えるだけで、楽しくなってくるのですから不思議です。

一生のうち、どれだけの人と人間関係が築けるでしょうか?
あなたは自分の長所、短所を知っていますか?
社会貢献はしていますか?
健康に対しての意識は高いですか?

こういう順番で大人になり、子は親になり、老いて死に、土になり、またもしかして、空に舞い上がって、天から親を選んで生まれてくるのかもしれません。

2　無駄な教育費（「おけいこ」の費用）をかけるのはよしなさい（運命学　手相）

夢を持たせる教育指針（「好き」を優先）

私は超教育ママでした。恥ずかしい母親です。その子の持っている、光るものを探すために、子供にはたくさんの「おけいこ」をさせましたが、結局は、好きなことしか残りませんでした。そして、たくさんのおけいこをするより、一つのことに没頭する力こそ大切ではないかと思えるようにもなったのです。

子供が毎日おけいこに行くことで、家族の団らんと会話が少なくなっていったような気がします。親子で夕食を作り、家族でゆったりと食事をすればよかったなどと、今は後悔もしています。

私は子供を教育するにあたり、幸せの気持ちを育むつもりで実行していたのは、子供には笑顔で接して、たくさん、たくさん甘えさせたことです。うちの子供たちにはなぜか、反抗期と

安全

いうものがありませんでした。厳しいお父さんがいたからかもしれません。妊娠時、私は姓名判断を独学、長女はスポーツウーマン、長男は作曲家になれたらいいなぁと願いを込めて名をつけ、各々にアイテムを与えて、様子を見てきました。

今では笑い話ですが、おけいこに通う子供たちを送迎する道すがら、私は自転車のペダルを漕ぎながらデタラメなハミングで、「一人ミュージカルごっこ」をやっていました。長女は無反応。長男はハミング返し。長女は四歳から、五歳下の長男は三歳からピアノを始めました。するとと長男は、長女の四年分を一年でクリアしたのです。

長女もピアノの先生が作曲コンクールの話を持ってくるほどでしたので上手でした。音楽は好きでしたが、スポーツのほうが才能がありました。ソフトボール、バドミントン、バスケットボール、水泳、陸上競技、硬式軟式テニス、マラソン。区からスポーツで表彰されたこともあり、名誉なことでした。でも、スポーツ観戦の好きな父親が試合につき添うようになってから、長女は勝利を意識するようになったのか、スポーツを楽しめなくなっていった気がします。スポーツに関しては、長女は歯を食いしばって頑張る子でした。長男は、長女のように歯を食いしばることはありませんでした。

おけいこは、安易に決定するとお金のムダになります。とりあえず関連アイテムを与えてみたり、体験させてみて、本人の気持ちをよく聞いて、習い始めるのは少し間を置いてからでも遅くはないと思います。

子供は「好き」を見つけると、楽しんでどんどん工夫も始めます。そして自然とそれが、夢や目標に繋がっていく気がします。出費を抑えることが金運アップの基本です。

我が家の子供たちが行っていた「おけいこ」と、その期間

●長女の場合

ピアノ　年中→中二まで
スイミング　年中→小六
絵　年長のみ
習字　小一→小六
そろばん　小一→小六
テニス　小一→小六
ソフトボール　小四→小六
バドミントン　小四→小六
英語　小四→小六

●長男の場合

ピアノ　三歳→中二
スイミング　三歳→小三
英語　年長
テニス　小一
そろばん　小一→小三
ギター　小三
進学塾（茨城）　小四→中三
進学塾　高三
音大受験コース（ピアノ）　高三

進学塾（仙台）中一のみ　　　　　　和声特別講習　　　　高三
進学塾（茨城）中三　　　　　　　　通信ゼミ　　　　　　小二↓小六
通信ゼミ　　　小一↓中三

おけいこに通う頃から、子供にはストレスが生じます。心の病で人生を揺らすことのないように、最近我が家では毎朝一本のバナナを食すようになりました。もっと早く知っていたら、子供が小さい頃から食させていたでしょう。

バナナの効き目はすごいです。幸せ物質のセロトニンを増やし、楽天的に生活していけます。たかがバナナ一本、されどバナナ一本です。我が家では、バナナが生活必需品になっています。皆さん、バナナ一本で人生が変わるといっても過言ではありません。

「夢貯金」の話

私はいざという時のために、貯金をしていました。二十歳の時、「美容師になりたい」という目標が生まれたからです。その時のために、入学金や授業料の準備をしてきました。

まず、毎月の水道光熱費はだいたい決まっているので、貯金に回せるとしたら、食費からです。私は毎日千円を持って出かけては、残ったら貯金箱に入れました。毎月おおよそ、一万二

千円くらい残りました。それから五百円玉貯金もしていました。これは、毎月八千円くらいたまりました。合計二万円。一年間で二十四万円です。これが、のちの美容学校と整体学校の費用にあてられました。

年に一度の家族旅行は夏休みに実行して、写真もたくさん撮りました。

整体学校に通うようになった三十七歳から、私は美容の通信教育も始め、四十一歳まで超多忙な生活を送りました。延長保育をお願いし、浅草の雷門近くの美容室に美容見習いで勤務しました。幼稚園に迎えにいくと、いつも先生と二人で遊んでいる長男の姿と、小学生の長女の家でのお姉ちゃんぶりが目に焼きついています。忙しい母を持った二人の子供たちに、私は心の中でいつも、「ゴメンネ」と言っていました。

今では、言葉にすべきだったなあと思っています。やはり言葉にしないと伝わらない、ということを知ったのも最近です。

3　学校選択（本人が決める　運命学　手相）

「好き」を大切に

学校選びは、子供たちにとっての岐路です。「かわいい子には旅をさせよ」と言いますが、寮があれば、自宅が近くても利用したほうが賢明です。社会性が身につくと言われています。家族と離れて生活すると、親への感謝の念も湧き、家族でいることの幸せも感じることができるようになるでしょう。

学校選びは、子供の「好き」を大切にして、適職を見据えて関連のあるところを親子で選ぶとよいでしょう。「好き」を大切にすることで、中退することもなくなるでしょう。一度中退をすると、なぜか「中退グセ」がつき、何をやっても途中で挫折してしまう傾向になります。

最終決断は、子供本人がすべきです。自分で決めたことは最後までやり抜くことを教えるのも、親の役目です。小さい頃から、「長所のほめごろし」をして「好き」を伸ばし、職業に結びつけていけるように導くことも親の役割です。ただしこれは、「好き」を「仕事」にしたい人の話です。運命学は統計学です。「あくまで参考にとどめること」も大切です。

「発達凸凹」の話

杉山登志郎さんが書かれた『発達障害のいま』（講談社）という本があります。専門的な知識がびっしりの本です。この本の中で、発達凸凹ということを説明しています。

「認知の凸凹の存在はマイナスではない。むしろ独創的なところがある人の場合、何らかの凸凹を抱えていることのほうがむしろ普通である。したがって、発達凸凹レベルの場合、基本的には何もしなくてもよい」

この中で適応障害があるのかどうかで変わるのでしょう。この適応障害も難しい判断だなあと感じます。

完全な人間なんていないのに発達障害と診断されて萎縮し、障害と思ってしまうことで消極的になってしまう子供もいます。個性的で、優秀な人が多いのに残念です。

子供が自立して生活できる人間に育ててあげるのが親の務めであるのなら、障害を気にせず個性を活かす方向を一緒に模索するほうが得策です。特殊障害学級より普通学級で学ぶほうが、学ぶことが多いと思います。ただし普通学級でやっていけるかどうかの判断も難しそうですね。

遺伝にも関係しているらしく、誰しもその傾向があるということも知りました。もしかして、たくさんの人が当てはまるのではないかという気がしています。

実際に還暦の頃に自分が発達障害について考えさせられる出来事が起きて、悩んだ時期がありました。それについては心の中では解決済みです。「いま」を一生懸命に生きようという結果になりました。

子供たちに、「お母さんの子に生まれてよかった！！！」と言われたら、最高に嬉しいです。

第2章

社会への旅立ちと結婚・そして老後

1　職業選択（本人が決める　運命学　手相）

「天職」「適職」を知り、活かされる道を探す

「一生仕事をしたい」という人は、早く天職を見つけたほうが幸せです。適職が天職とは限らないのですが、天職になる確率は高いでしょう。子供も十歳くらいまでには、方向性がわかるといいでしょう。手相も三歳から見られるので、しっかりと判断しましょう。

「気学」という運命学も、適職について的を射ています。私は五十歳までいろいろな職業に就いてきましたが、「九割方あなたに合っている」という適職が、その中にありました。

早く適職に就くことで、才能を磨くことに力を入れられます。子供の様子を毎日見て判断しましょう。子供に期待する職業と、子供の生まれ持った資質と夢が合致すれば最高です。

① 生まれ持った資質を運命学で知る

② 手相で変化を確認していく（三歳～）

③ 関連アイテムを与え刺激し、観察する

スケッチBOOK
NOTE

④「好き」を仕事に導くか考える
必死に生きていると、知らぬ間に天職が見えてきます。それが見えれば自然と、心も強くなっていくのです。

人との出逢いで「ツキ運」が始まる

私は六十歳から子守唄指導員としてボランティアで歌っていましたが、道が拓けていませんでした。でも、二〇一三年初夏、茨城作詞作曲家協会の内田雅人《うちだまさと》先生に出逢って、ご紹介いただき入会できました。私たち親子の音楽の道が大きく拓かれ、運が変わりました。「人との出逢いで運が拓く」という手相の線を、私たち親子は持っていたのです。持っている人は、チャンスを掴める人なのです。

私の夢も堀り起こされました。私はこれからも、長男と二人で作詞作曲し、歌を歌っていきます。そして何年かかるかわかりませんが、二人でアルバムを制作します。内田先生との出逢いに感謝します。ありがとうございます。

二〇一五年三月には、同協会の磯勝《いそまさる》先生が訪ねてみえました。先生の奥様が私と同郷で、同じ高校の出身でした。歌ってほしいと持ってきた歌は、二曲とも歌ってみたい曲でした。磯

人との出逢いで運がよくなる手相

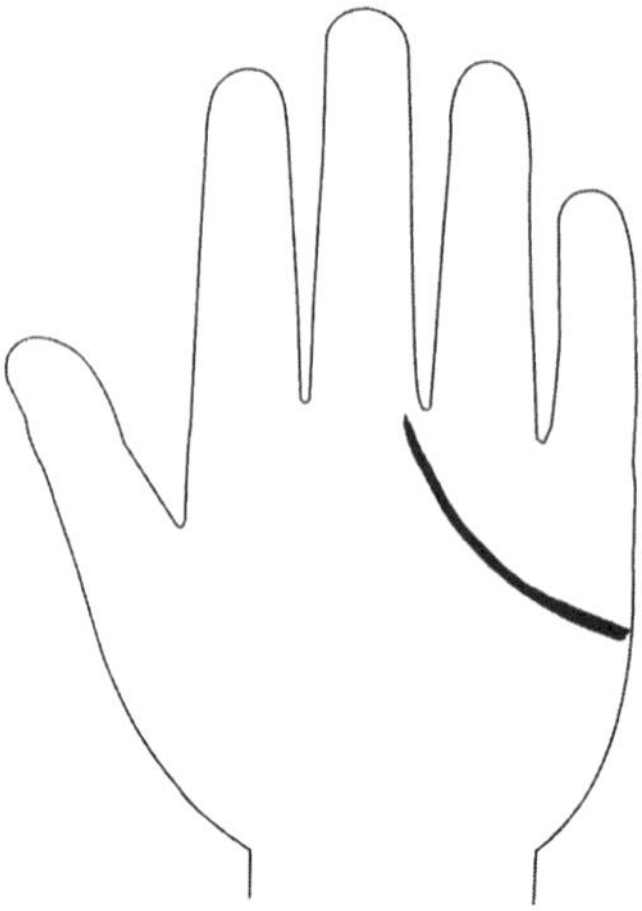

先生との出逢いにも感謝します。ありがとうございます。

人生の岐路の時期での人との出逢いは、開運チャンスの時です。積極的に人と出逢って、チャンスを掴む時期に「ツキ運」を呼べれば最高です。

子育てでは、まずは子供の気持ちを重視すること!! 子供が自分で、「〇〇のアルバイトをやりたい」などと意気込んでいる時は、ぜひ、やりたい職業の入り口に立たせましょう。

2　結婚相手選択（姓名判断　手相　運命学）

相性を知る

　結婚相手も、本人が決めるべきです。結婚後、共稼ぎか専業主婦になるかは、話し合って決めましょう。昔は親が決めた人と結婚し、幸せを手に入れた人もいます。でも現在は家系重視ではなく、本人重視です。親の紹介であっても、最終判断は本人がすることが重要です。「結婚」が身近になった時に、自分の「未来予想図」を作ってみることをおすすめします。するといろいろ見えてきて、未来が予想できるので楽しいです。そして実際に家族ができたら、家族全員の年齢を書き込みます。これで、家族の未来予想図のできあがりです。我が家の未来予想図を46、47ページに掲載していますので、参考までに見てみてください。

「相性」を知ることは、後悔しない生き方を選択するための最大のポイントです。結婚を決める前に、自分の未来予想図を、結婚を考えている相手に見せるだけでいいのです。相手の反応で、愛され度がわかります。それによって、プロポーズもできるでしょう!!

　これで相手の、人生に対する考え方も知ることができます。いつ頃に結婚し、共稼ぎするか

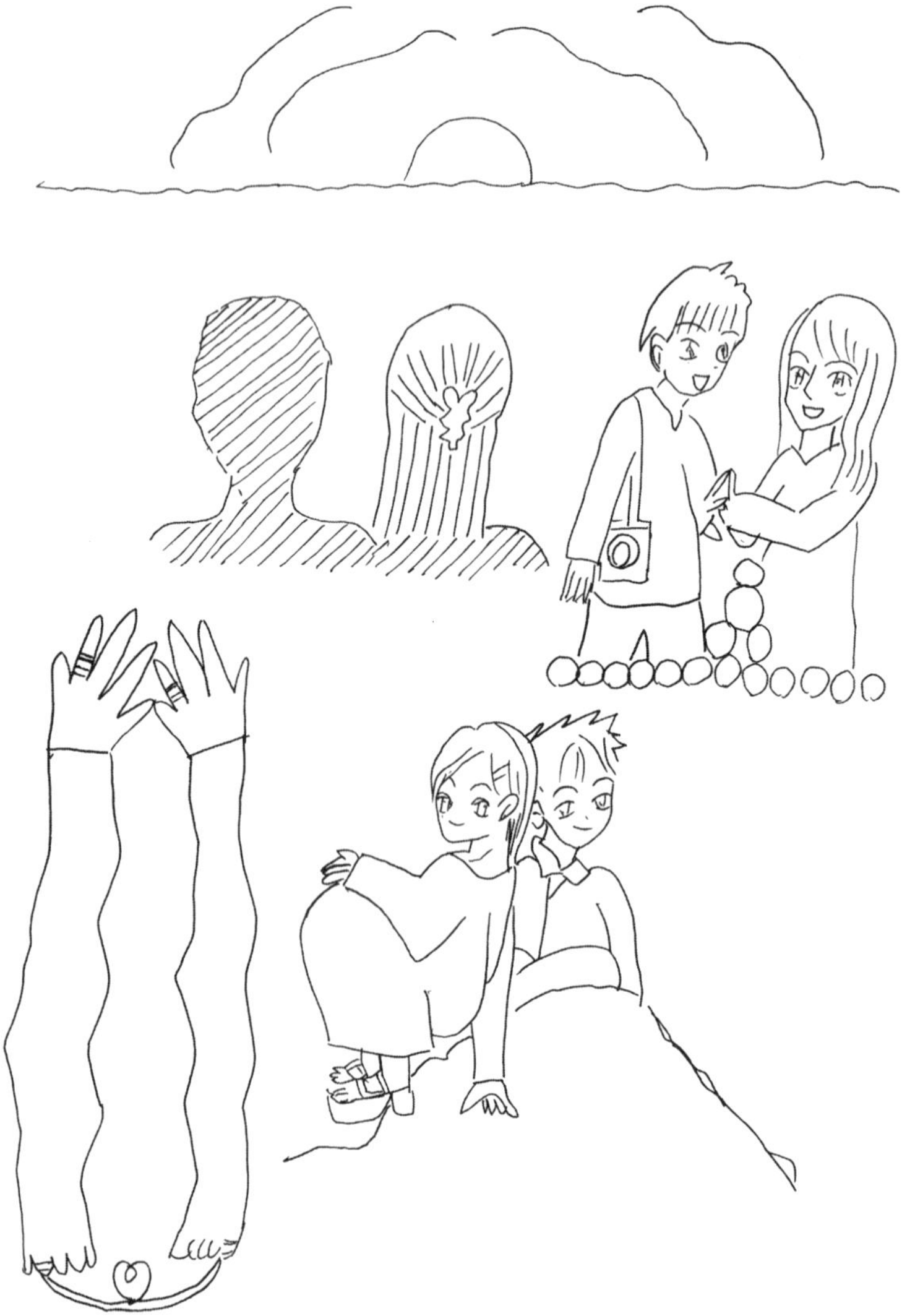

どうか、子供は何人ほしいか、車は持ちたいか、持ち家かアパートか。

そして何歳頃まで現役で働き、第二の人生はどんなふうにしたいか……。未来予想図には、そのような自分の考えを書いているのです。相手の考えを知るためのアイテムとも考えられます。

未来予想図と私の目標

51歳	54歳	58歳							
50歳	53歳	57歳	60歳						
運命鑑定師、カウンセラー			歌、作詞						
	25歳	27歳	？歳	？歳					
			予想結婚	予想孫					
18歳	18歳	22歳		？歳	？歳				
高校卒業	専門学校入学	専門学校卒業		予想結婚	予想孫				
長女社会人準備金	長男専門学校準備金	長男社会人準備金		結婚祝準備金	出産祝準備金		老後準備金		

かわかってきます。

松村家の

主人	26歳	29歳	33歳	36歳	40歳	41歳	44歳	46歳	49歳
	結婚								
私	25歳	28歳	32歳	35歳	39歳	40歳	43歳	45歳	48歳
	結婚	出産 母	出産 主婦	着付師		美容師、 整体師			
長女		0歳		7歳	12歳	13歳	16歳	18歳	20歳
				小学校 入学		中学校 入学	高校 入学	短大 入学	短大 卒業
長男 （5歳下）			0歳	2歳	7歳		11歳	13歳	15歳
					小学校 入学			中学校 入学	高校 入学

長女小学校入学準備金
長男小学校入学準備金
長女中学校入学準備金
長女高校入学準備金
長男中学校入学準備金
長女短大入学準備金
長男高校入学準備金

＊子供は何人持ちますか？
＊車は持ちますか？　持ち家にしますか？　賃貸ですか？
＊何歳まで現役で働きますか？　第二の人生はどんなふうにしますか？
家によって違ってきますが、未来予想図を作ると、いつ頃にどれだけ資金が必要

キャリアウーマンの手相

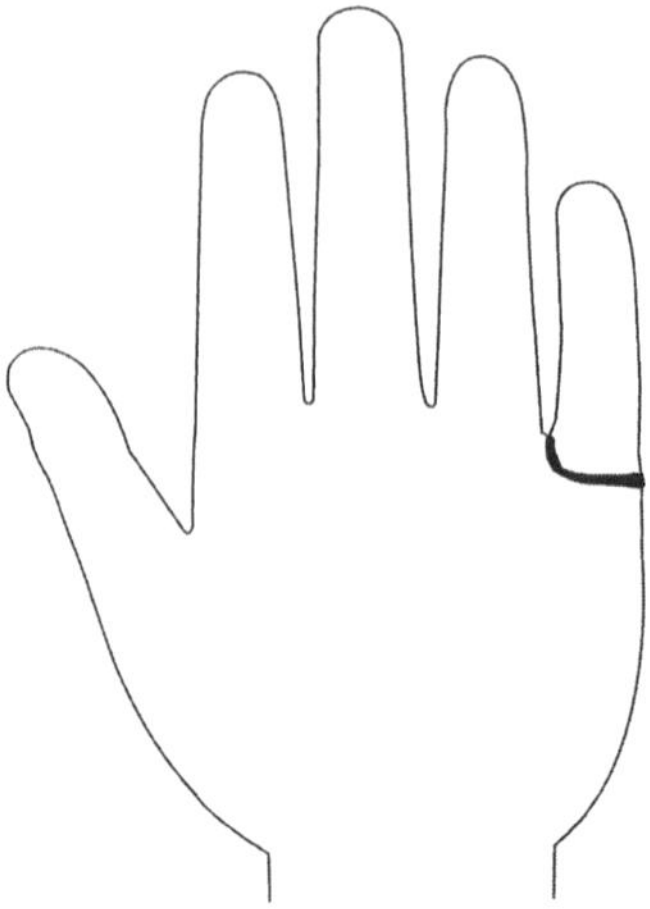

専業主婦の手相

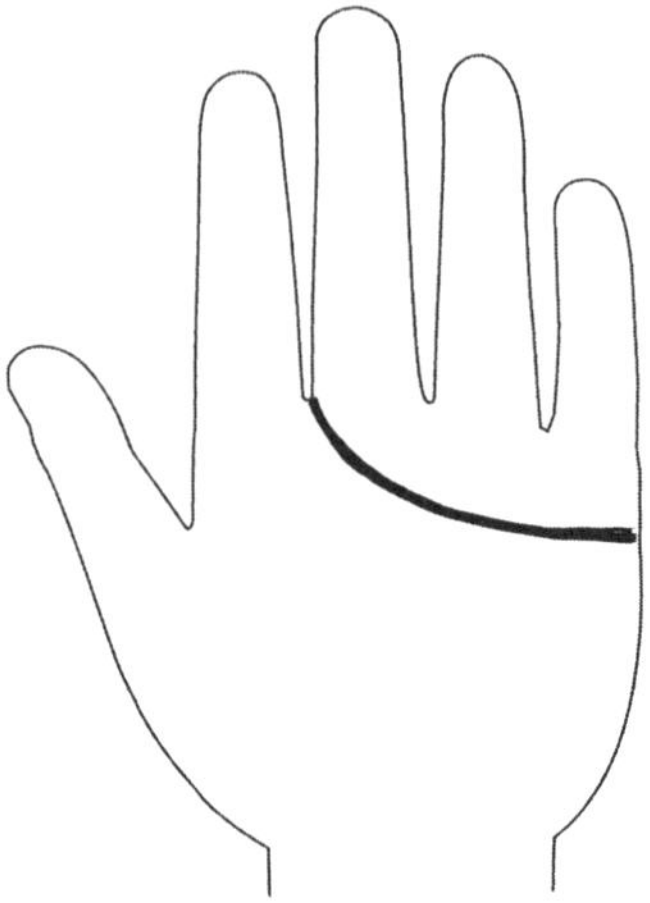

「価値観」と「尊敬度」

結婚相手は自然体で向き合えて、一緒にいて疲れない人がベストです。人生の未来予想図には、価値観がいっぱい詰まっています。それを共有できる相手だと、運命共同体になれます。同じ方向が見られるので、けんかしながらでも一緒に歩いていけるでしょう。

未来予想図は、途中で何度でも書き直せますから大丈夫です。将来の貯金目標額も知ることができ、外食がお弁当に変わったりします。将来を見据えた生活になり、夢も持てます。結婚は、育った環境や習慣の違う二人が生活していくことなので、ギクシャクすることがあって当然です。新しい習慣を二人で築いていくつもりで、話し合って決めていきましょう。

そして子供が結婚したら、適当な距離感を持って、本当に困った時は相談できる関係を作っていきましょう。親が老後の時期に入りますと、子供に面倒を見てもらうことが多くなり、助けてもらうことになり、この関係は逆転します。嬉しい逆転です。

夫婦はけんかをしても、尊敬するところが一つでもあると、長い道を一緒に歩んでいくことができるのです!!

今思うと、私の結婚相手はたくさん尊敬できるところがあります。結婚したての頃は、結婚はゴールではなくスタートとしてとらえさせてくれました。何でも一人でやるように仕向けら

結婚相手に恵まれる手相（身内パートナーの援助の線）

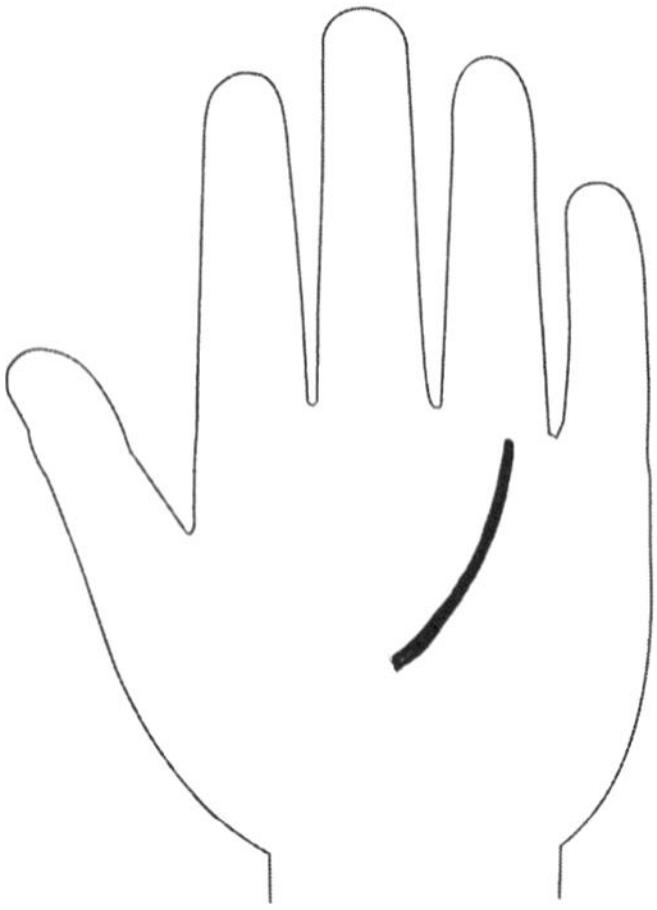

れてきました。おかげで一人で立てるようになりました。その後、十五年の単身生活があったのです。私は六十歳まで歌も作詞もやらず、趣味のない仕事人間でした。こんな私を応援し、エールをたくさん送ってくれました。夜中までよその美容室で働いている私を見て、「自分の店」を持つことを応援して、保証人として立ち、お金を借りてくれました。おかげで美容室を開店することができました。負けず嫌いの私をあと押し続けてくれているのです。

この頃はやっと自分の趣味はゴルフ、私の趣味は歌と言ってくれるようになりました。私の手相には身内パートナーの援助の線があります。

主人は結婚した時から私の手を見てきまし

た。私は結婚直後に主婦湿疹になり、進行性指掌角皮症《ししょうかくひしょう》、アトピー性湿疹（二十五歳から六十歳まで）と、皮膚病で悩み続けてきたのです。見ていられない時期もあったでしょうに、何も言わずにそばにいて家事をしてくれました。見守っていてくれたのでしょう。買い物に行くと私の好物を買って、冷蔵庫に入れてくれています。

「ありがとう!!　あなた」

3　第二の人生（活かされる自分の道　運命学　手相）

老後の生きがい

どんな老後にしたいか。それには、どんな仕事をするか、ずっと自分らしい、ありのままの自分を活かす生活をしていくには、どうしたらいいのかを考えます。

それには、自分がこの世にどんな役目を持って生まれてきたかを知ることです。ただし、運命学は統計学ですから、あくまでも参考にしましょう。

次に、好きなことを探します。それが見つかったら、自分の役目を考えて、好きなこととドッキングさせましょう。そして両方とも自分の中に取り入れて、自分の歩むべき方向性を探

GOLF

り、行動を起こしていくのです。

私の場合は、「六十歳になったら、好きな歌と作詞をやろう」と思っていました。そこで、「子守唄指導員」をやり始め、息子とコーラスグループを結成しました。やがてメンバーの減少と同時に、カラオケと作詞の勉強も始めました。

そして、カラオケ大会に出たことがきっかけとなり、茨城作詞作曲家協会より「霞ヶ浦浪漫」インディーズでＣＤデビュー。私が作詞、息子が作曲した、「ジュエル　レイン」もＣＤ化。カラオケにも曲が入りました。私はあっという間に、プロの歌手と作詞家になることができました。今度は「恋瀬川《こいせ》慕情」と「結婚のうた」「潮来おどり・あやめ唄」「花あやめ」「よだうら祭り」という五作品がＣＤ化されます。観光協会の推薦を受けた曲が多いのも特徴です。これからも生きがいにして、楽しんで生活していきます。

いつから準備をすべきか

まず、好きなことがあるならば、よほどお金がかからないことであれば、やめずにずっと若い頃より続けることです。私の場合、趣味である作詞は、時代背景が変わると感性が変わってくるので、やる時期になったらやろうと思っていました。歌は童謡から入ろうと思っていたので、習うことなく、歌いたい時に口ずさんでいました。そしてコーラスグループを結成してからは発声練習をする気持ちで毎日歌っていました。

子供や主人に対しての距離感も、「好きなことをやる、やらない」で変わります。今、私は自分の好きなことを、優先させるようにしています。

老後にゼロからやり始めると、お金がかかる場合もあります。子供にお金がかからなくなった時点で、いろいろと準備を始めましょう。貯金をしておきさえすれば、いろいろと叶うことも多いはず。家族に反対されてやれないこともあるかもしれませんが、「これだけは絶対譲れないこと」として、自分の中でとらえておくことが大切です。途中でやめないように心がけましょう。

今の私はというと、楽しみながらボランティアをしています。

人生を楽しむようになってから三百本あった白髪が三十本弱になりました。「ストレス毛」だったのでしょうね。メカニズムを解明したいですね。息子からは「宇宙人」と言われています。

4　寿命を知り、残りの人生を充実させる（手相で寿命を知る）

寝たきりになった時のことを考える

寝たきりになったらどこにも行けないので、足腰の丈夫なうちに旅行に行きましょう。やりたいことがあったら書き出してみて、やれることであれば挑戦してみましょう。美味しいものを食べに行くのもいいですし、ボランティアを楽しみながらやるのも素敵だと思います。一生現役で仕事をするのもいいです。私は、一生夢を持って生きたいと思っています。

死ぬ間際に「ああ、いい人生だった」と思える生き方ができたら最高です。自分の死期を知ることで、残りの人生が充実してきます。死ぬ前に逢いたい人もいると思います。顔を見たい人、感謝の言葉を伝えたい人、謝罪したい人。足が丈夫で動けるうちに、逢いに行きましょう。

死を迎える準備も始めましょう。実際動けなくなると、自分の身辺整理もできません。細かいことまでよく考えてメモして、一つ一つ清算しましょう。後悔しない人生にしたいものです。

家族が困らないように、「終活」をする

節税対策専門の税理士に相談することも、必要かもしれません。その年によって相続税の税率が違う場合があるので、確認してから実行しましょう。死んでしまってからでは遅いので、早めの対策がいいでしょう。

お墓のことも子供たちと相談し、なければどこに買うか相談しましょう。戒名も仏壇も、生前に買えると思います。買ってあずかってもらったけれど、家族の誰も知らなかったら、なんの役にも立ちません。ムダ金になりますので、子供に伝えましょう。そして財産に関しても有効の遺言状を書いて、自分の死後、争いが起きないようにしましょう。

病気になってからは、病院か自宅か、どちらで死を迎えたいか伝えておきましょう。美しく死を迎えるために、すすんで神仏の話とか、死後の世界の話を聞いたり、本を読んだりして、心の平安を保ちましょう。個人的な見解ですが、認知症にならないうちに終活を終えて、誰にも迷惑をかけずに死にたいものです。

社会福祉協議会に気軽に行く

地域には「ふれあい・いきいきサロン」がいくつもあります。楽しく気軽に無理なく集まれる場所です。行きたい時に行けるサロンです。

楽しくて、孤立感もなくせますし、家でばかり過ごす閉じこもりの予防となる場所でもあります。近くになければ、自分たちで立ち上げることもできますし、助成制度もあります。

まず、社会福祉協議会に電話をして、聞いてみてください。探して行くことをおすすめします。同じ心の仲間と知り合って、毎日イキイキと暮らせます。

独り暮らしの人には気遣ってくれる民生委員の方が地域に何人かおりますので、相談しておきましょう。

第3章

三歳からの手相診断とめずらしい手相

1　手相の歴史と手相の基本

手相の歴史

手相の歴史は古く、約四千〜五千年前の古代インドで生まれています。まず、手と運命のかかわりの学問が生まれて、それが「手相」というものになり、その後、メソポタミアを経て、中近東に渡りました。そしてエジプトを経てギリシャ、ローマに渡り、十九世紀には、ヨーロッパが手相の中心地になりました。

それからは手相がすたれて、「占星術」がヨーロッパの本流の占いになっていきました。

日本には平安時代のなかば頃に易学とともに入ってきて、貴族間だけに広がりました。一般に普及するようになったのは江戸時代の末期からです。現在の手相は中国の手相と西洋の手相が入り混じっています。さらに心理学や医学の面からの研究も行われるようになってきています。

基本の手相

Ⓐ　生命線〜寿命や健康、健康状態
Ⓑ　運命線〜運の強さや人生の変化、仕事運
Ⓒ　太陽線〜成功運、人気運
Ⓓ　金運線〜金運や商才
Ⓔ　感情線〜性格、恋愛、心臓
Ⓕ　恋愛線〜恋愛のお知らせサイン
Ⓖ　知能線〜性格、才能、適職
Ⓗ　結婚線〜結婚運
Ⓘ　開運線〜夢が実現
Ⓙ　向上線〜成功へ向かう
Ⓚ　神秘十字線〜直感力、予感力
Ⓛ　マスカケ線〜強運体質。徳川家康と同じ

基本の手相

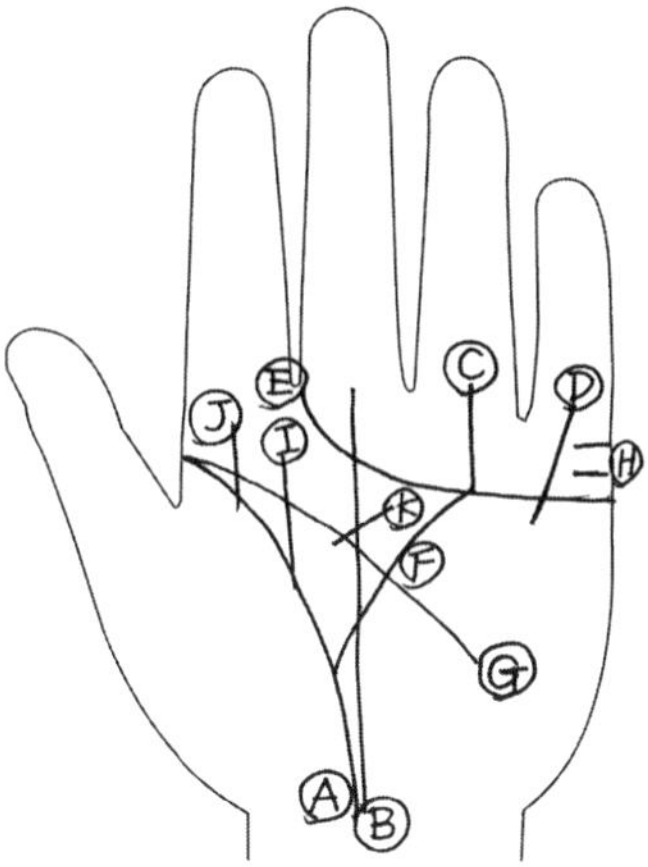

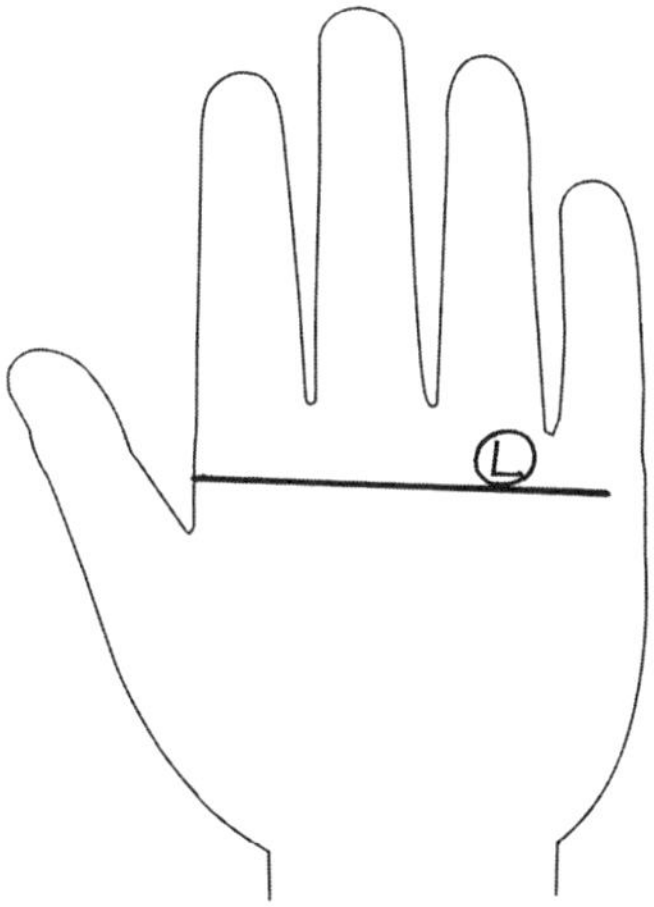

質問コーナー　子供の手相で才能がわかりますか？

Q　子供の手相で才能がわかりますか？

A　赤ちゃんの手相は、すごいスピードで変化していきますが、三歳を過ぎるとスピードが落ち、手相にも個性が現れ、未来の可能性も知ることができます。その後も手相は環境の変化で、どんどん変わっていきます。

Q　右手、左手、どちらの手相で占いますか？

A　両手を見て占います。

Q　子供の手相に現れている才能と、子供の好きなことと、どちらを優先すればよろしいですか？

A　経済的に許されるのであれば、同時にさせて様子を見ていけばベストと思います。長い目で見守っていくことが大切です。もしかして双方が将来的に関係あることとなり、誰もがやっていないことに繋がるという結果になるかもしれません。

Q　子供が、おけいこに興味がありませんが……

A　おけいこの関係アイテムを与えて様子を見ましょう。基本は、「見守り」です。

2 三歳からの手相診断

あなたは何型？

さあ、ここでは実際に手相を見てみましょう。お子さんの手相を見ることで、未来へのヒントが掴めるかもしれませんよ。

次から紹介するのは、私が「常陽小学生新聞」で連載しているものです。「芸術家型」「実業家・政治家型」「デザイナー・建築家型」「外交官・商社マン型」「スポーツマン型」「医者・弁護士・技術者型」「外国移住型」「タレント型」「天才型」「金運にめぐまれた型」と、10タイプを解説していますので、家族で楽しんでみてください。

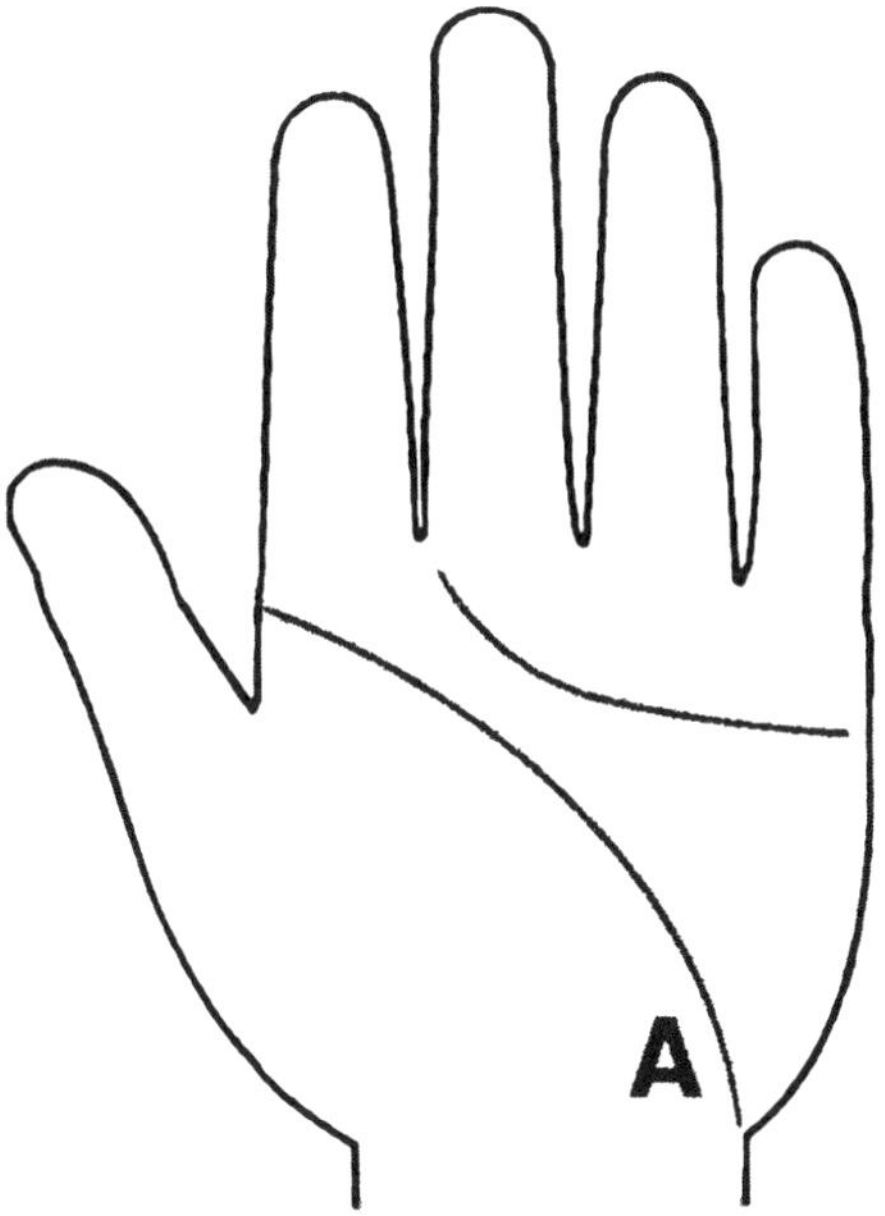

①芸術家型

上記のように頭脳線（知能線A）がかなり下部のほうへ伸びています。手首のほうへ長ければ長いほど、芸術的な才能の持ち主です。空想力が優れていて豊かな人。自分の世界を確立できる人なので、一人でやる仕事が向いています。シナリオライターや演出家、音楽家、画家の才能がありますので、幼い頃からよく見て、お子様の才能を発見してください。

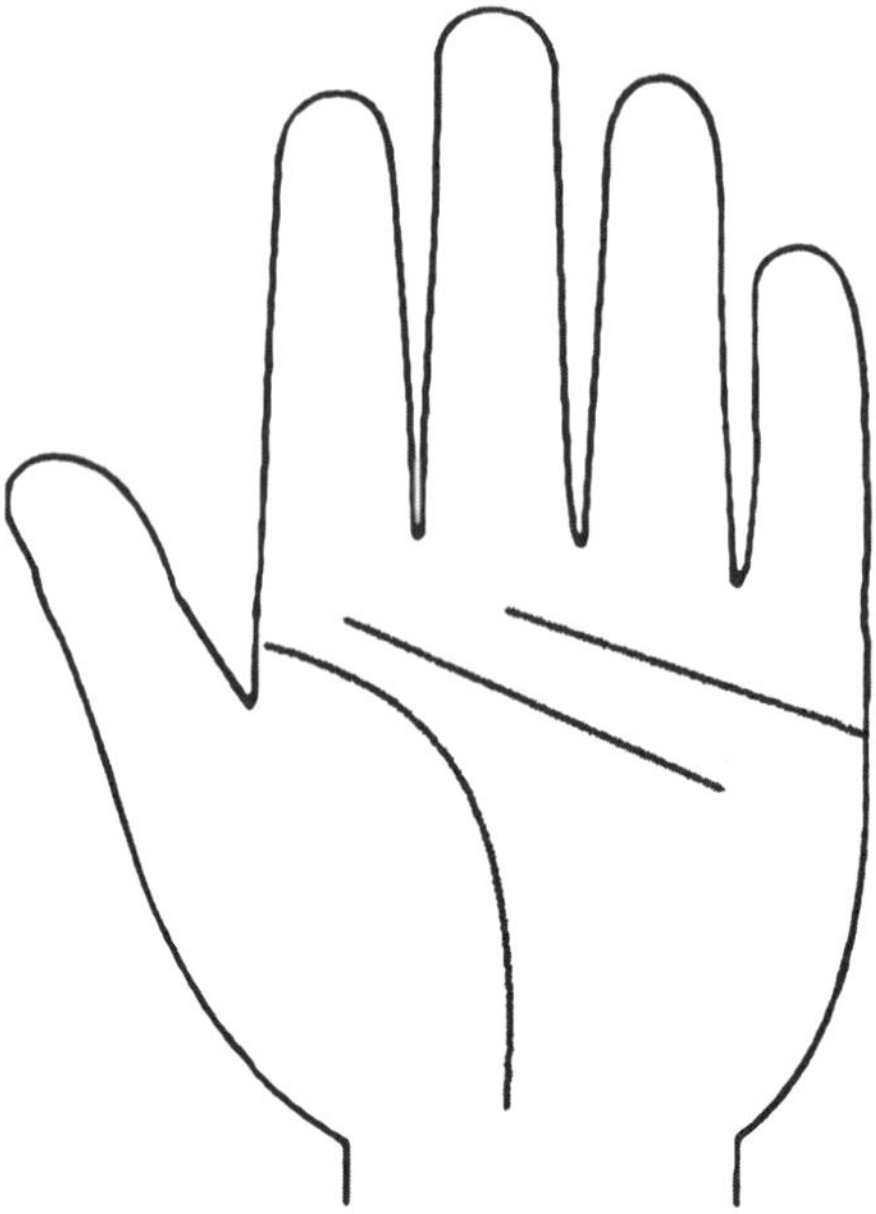

②実業家、政治家型

知能線がカーブをせず、直線的な人です。現実的な人で論理的な考えで判断をしていきます。先見の明もあり、数字に強く、粘り強さもあります。運動能力にもたけています。こういう方は、実業家や政治家に向いています。

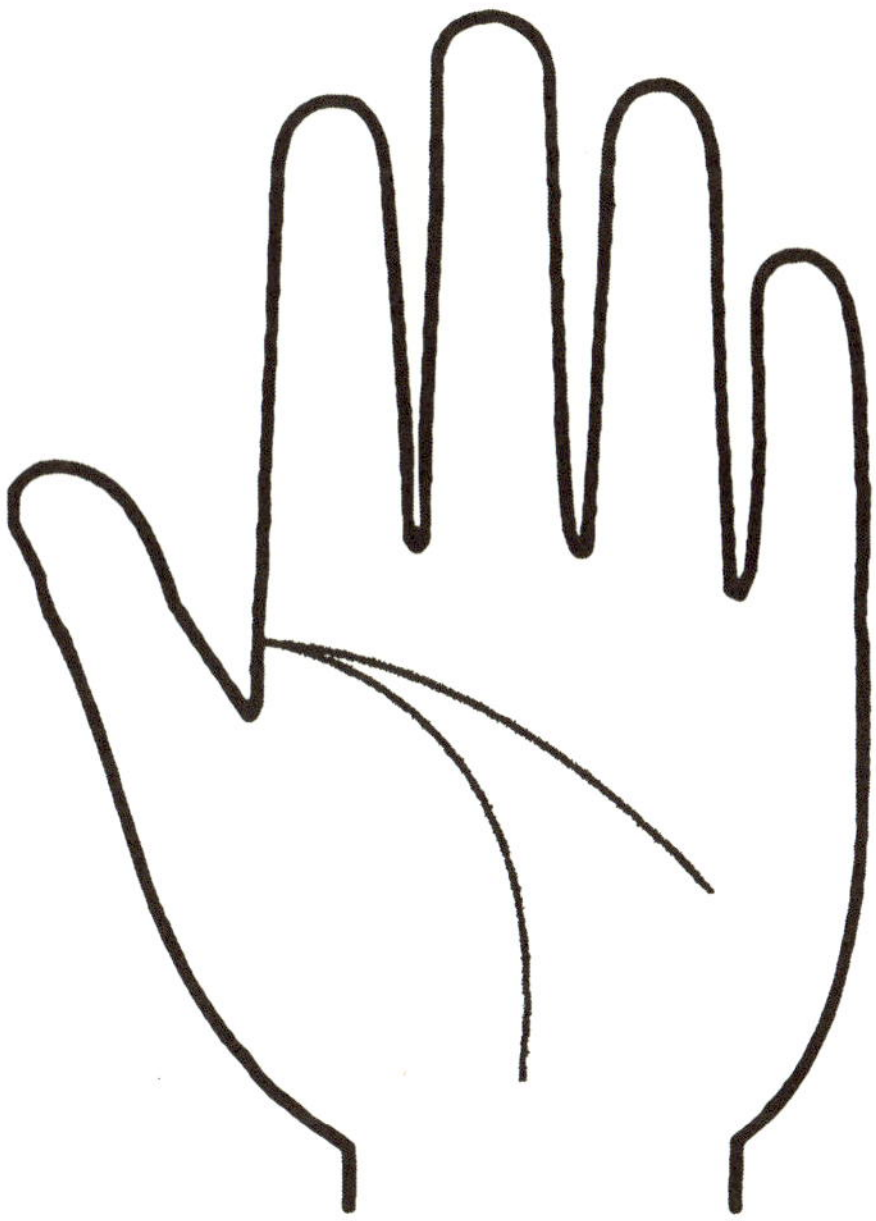

③デザイナー、建築家型

知能線が、ゆるやかに手のひらの中央に伸びています。常識家で多才な上に、明るく健康的。理数系と文化系の両方の能力を持ち合わせているため、成功する分野も広範囲となります。技術的能力とセンスを要求される職業がピッタリ!!

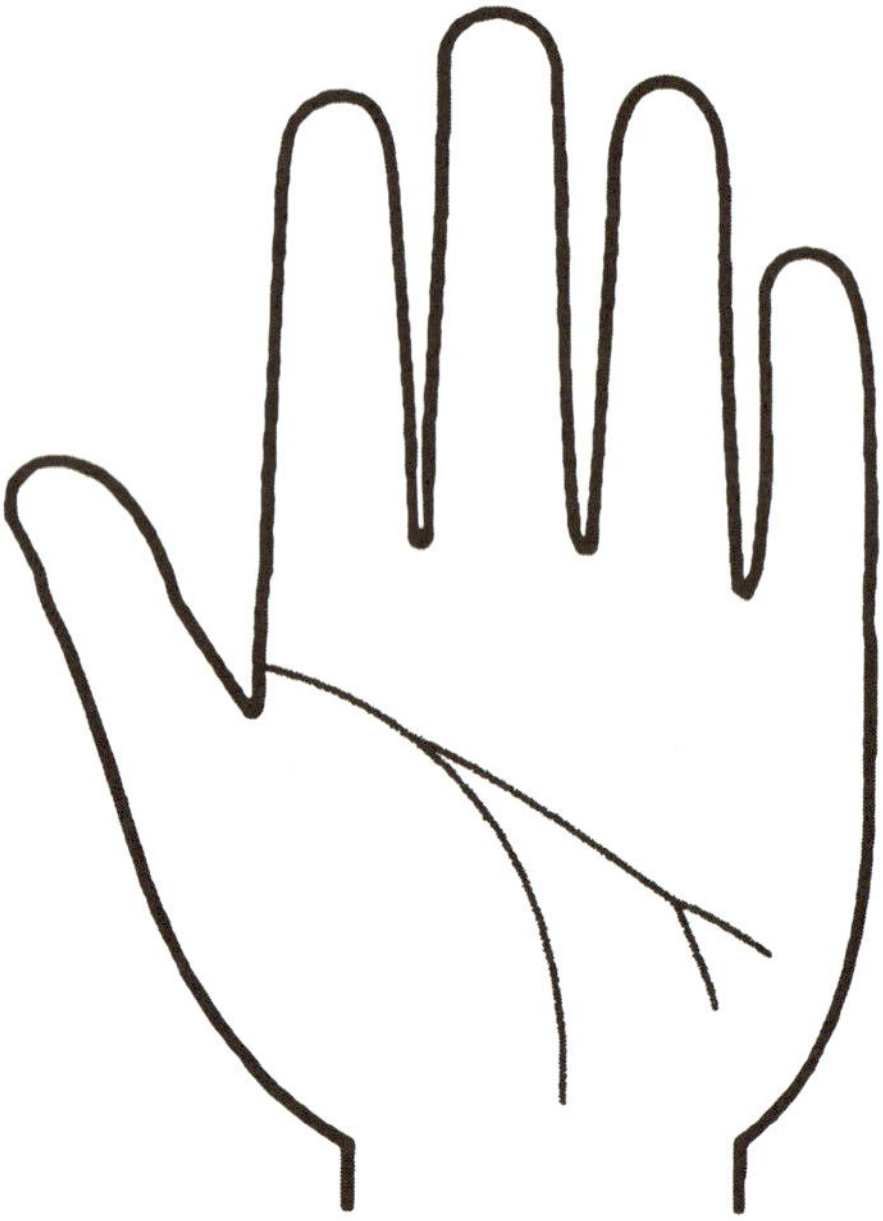

④外交官、商社マン型

知能線の先が2つに分かれているのは、語学力に秀で、何ヶ国語も話せる能力を持ち合わせています。外交官や商社に勤務でき、バリバリ仕事をこなす人生を送れます。社交的で、積極的にチャレンジできる人です。リーダーシップがとれる人です。

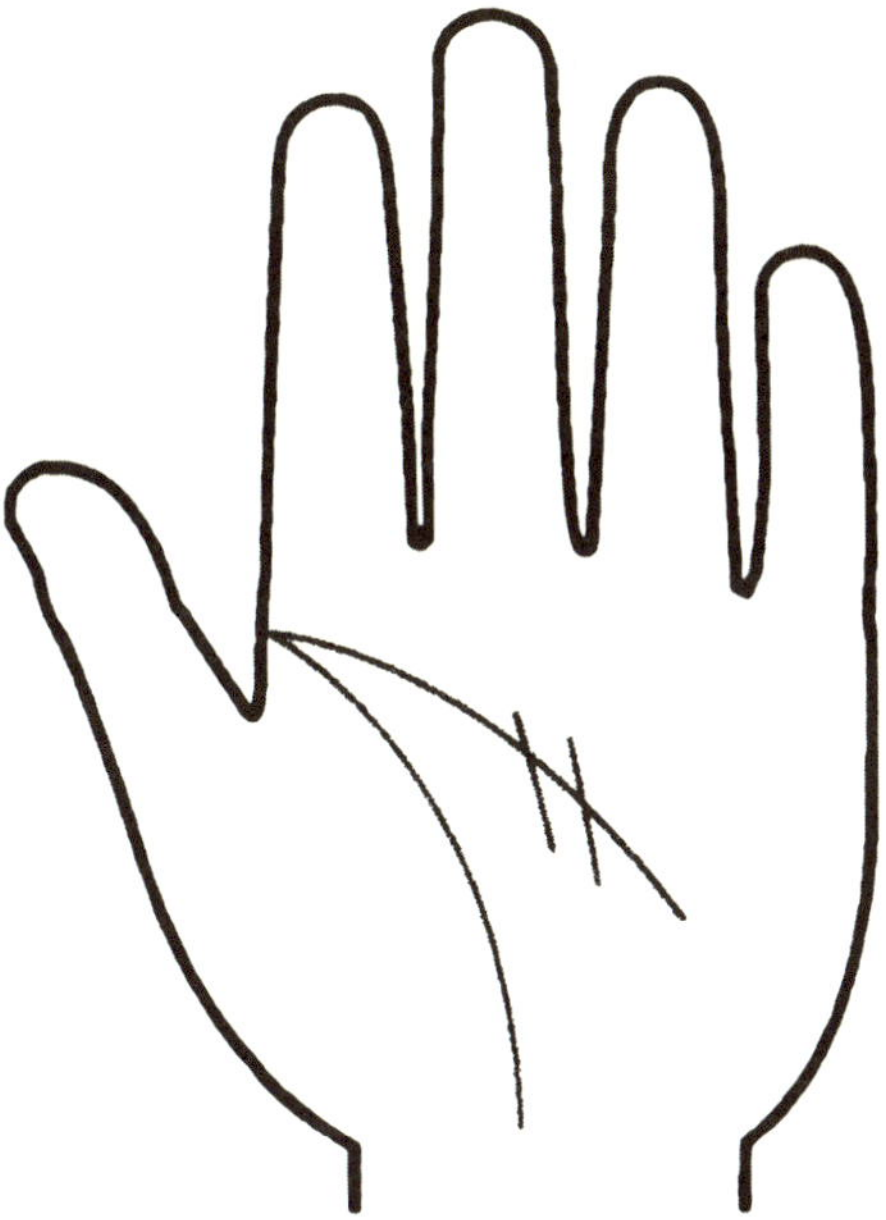

⑤スポーツマン型

知能線の途中から図のような線が出ていると、運動能力にすぐれている手相です。まわりに線がないほど、メンタル的に強い人なので、スポーツマンとして成功する可能性は大です。運動能力は素晴らしく、目標ひとすじタイプです。心身ともに強い人です。

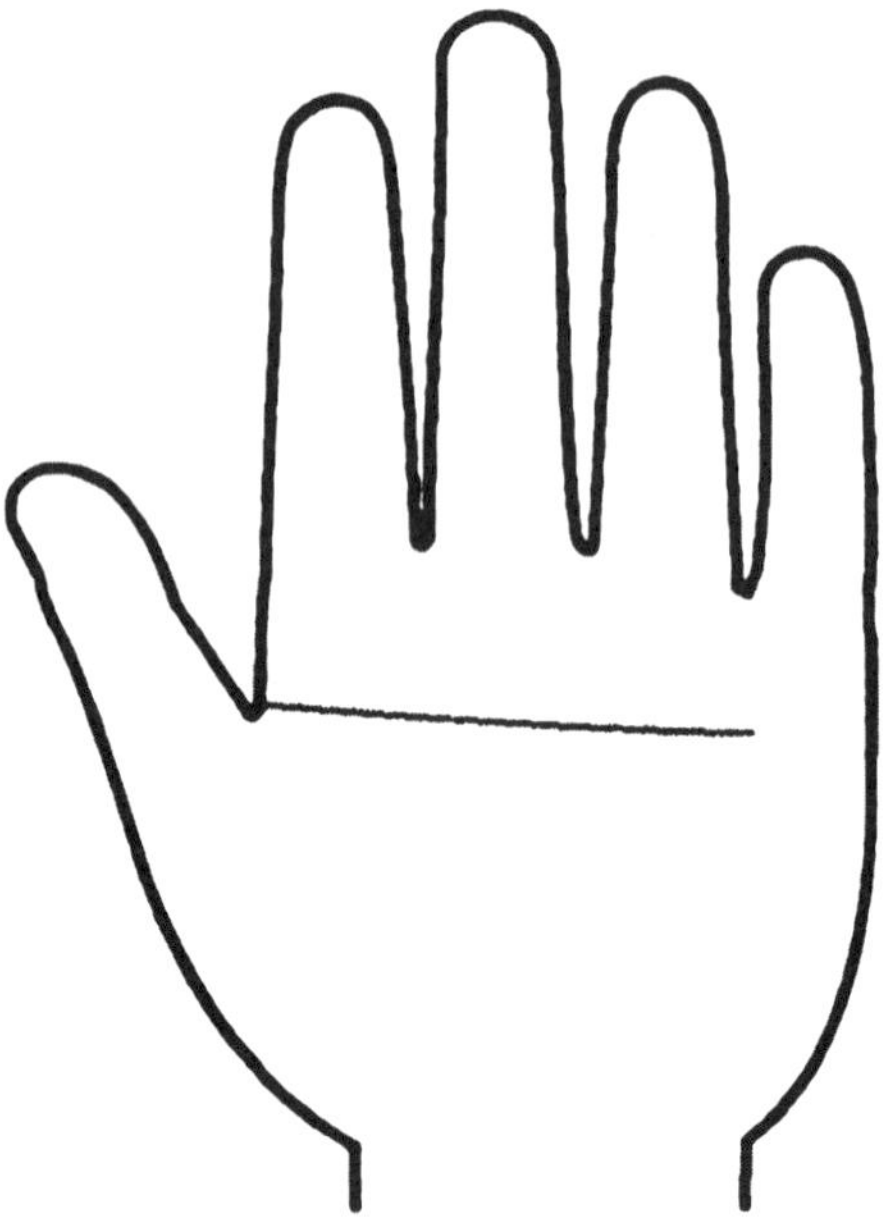

⑥医者、弁護士、技術者型

知能線が手のひらを横切っていると、どの業界に進んでも指導者となれる人です。大胆な行動と説得力のある弁舌で、信頼をかちえていきます。粘り強さもあり、弁護士、医師、技術者としても成功するでしょう。

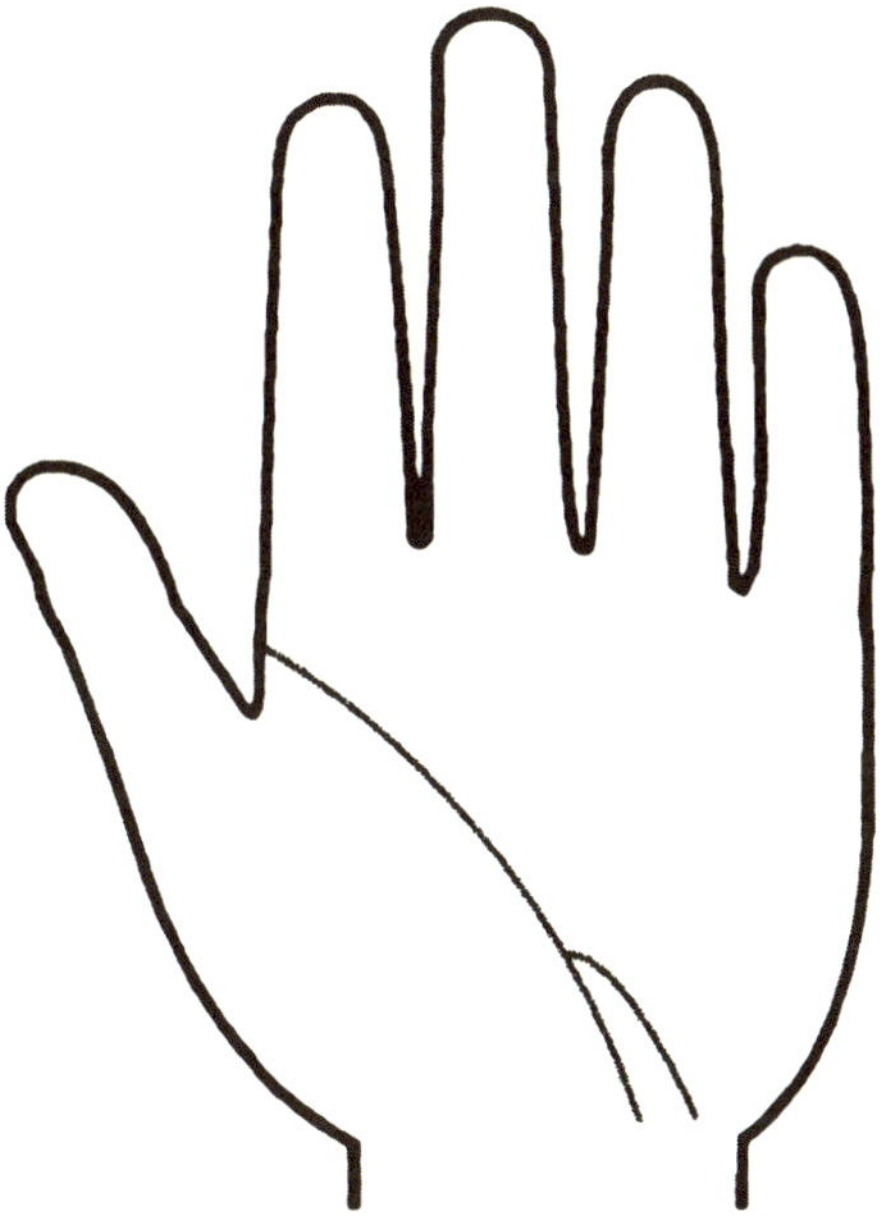

⑦外国移住型

生命線の末端が2本に分かれている場合、外国との関わりが深くなるでしょう。外国へ旅行したり、留学や移住となる可能性のある手相です。両手にあれば、なおのことその運は強くなるでしょう。

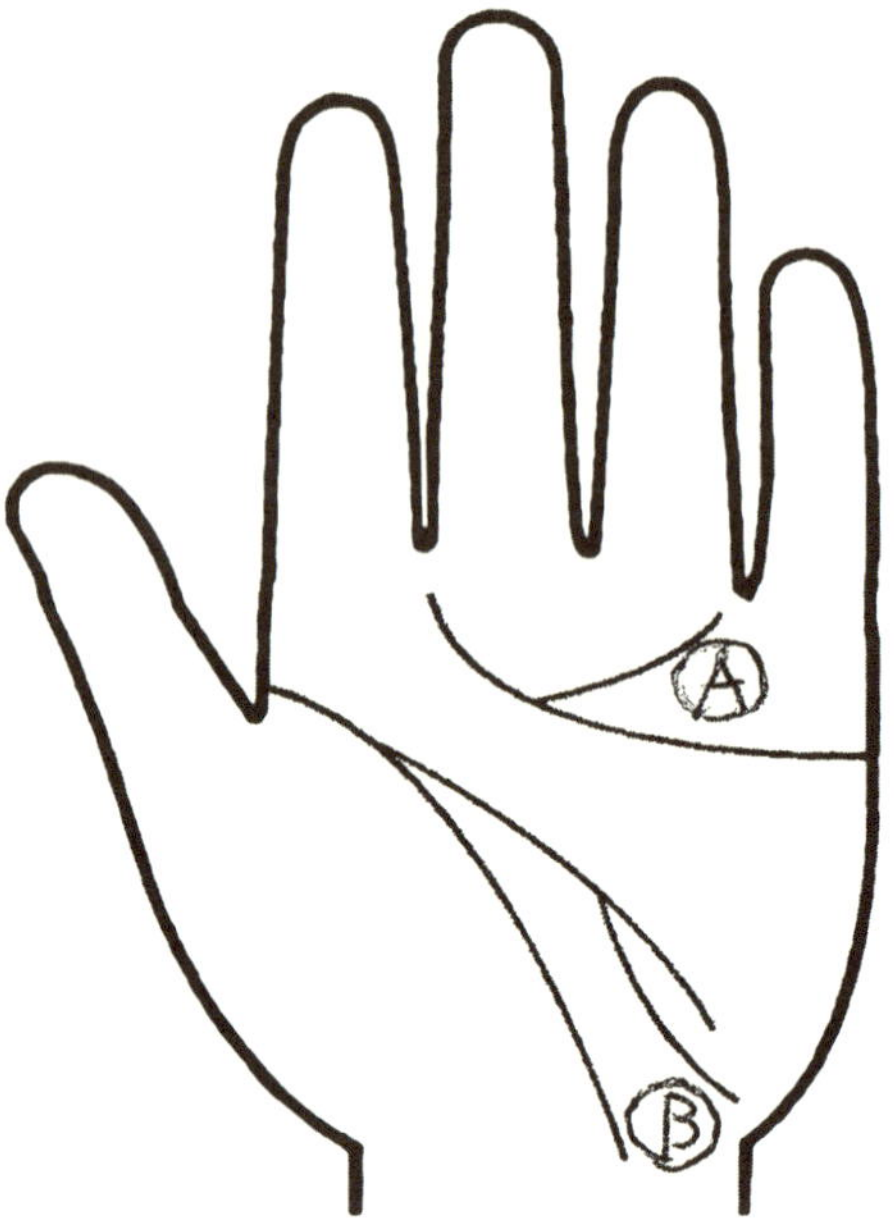

⑧タレント型

知能線がⒶのようになっていたり、薬指の下にⒷのような線があると、チビッコタレントになれる才能があります。よ～く確認してみてください。

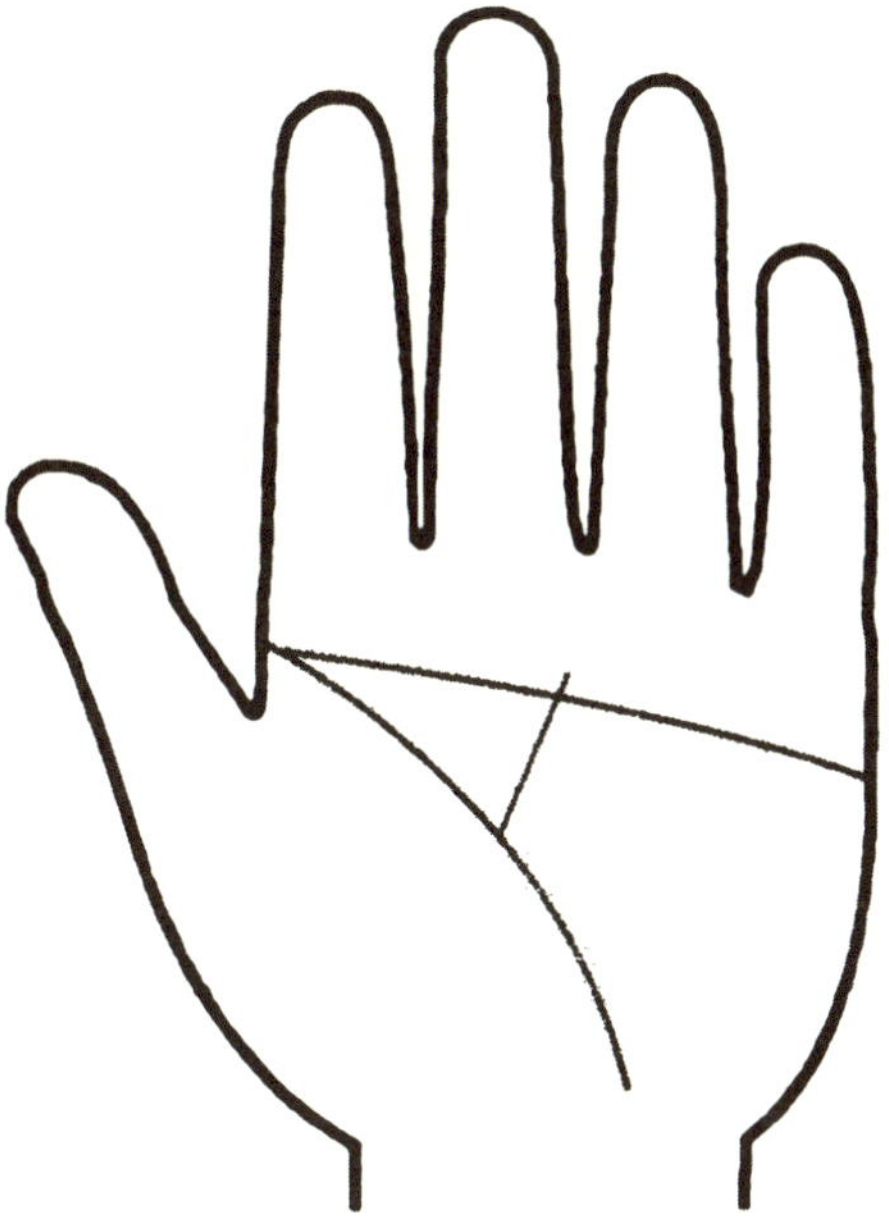

⑨天才型

　知能線が手首を水平に横切る手相をしていて生命線と重なっているのは、特殊な才能をのばして世間を驚かせる人です。天才とは、こういう人を言います。

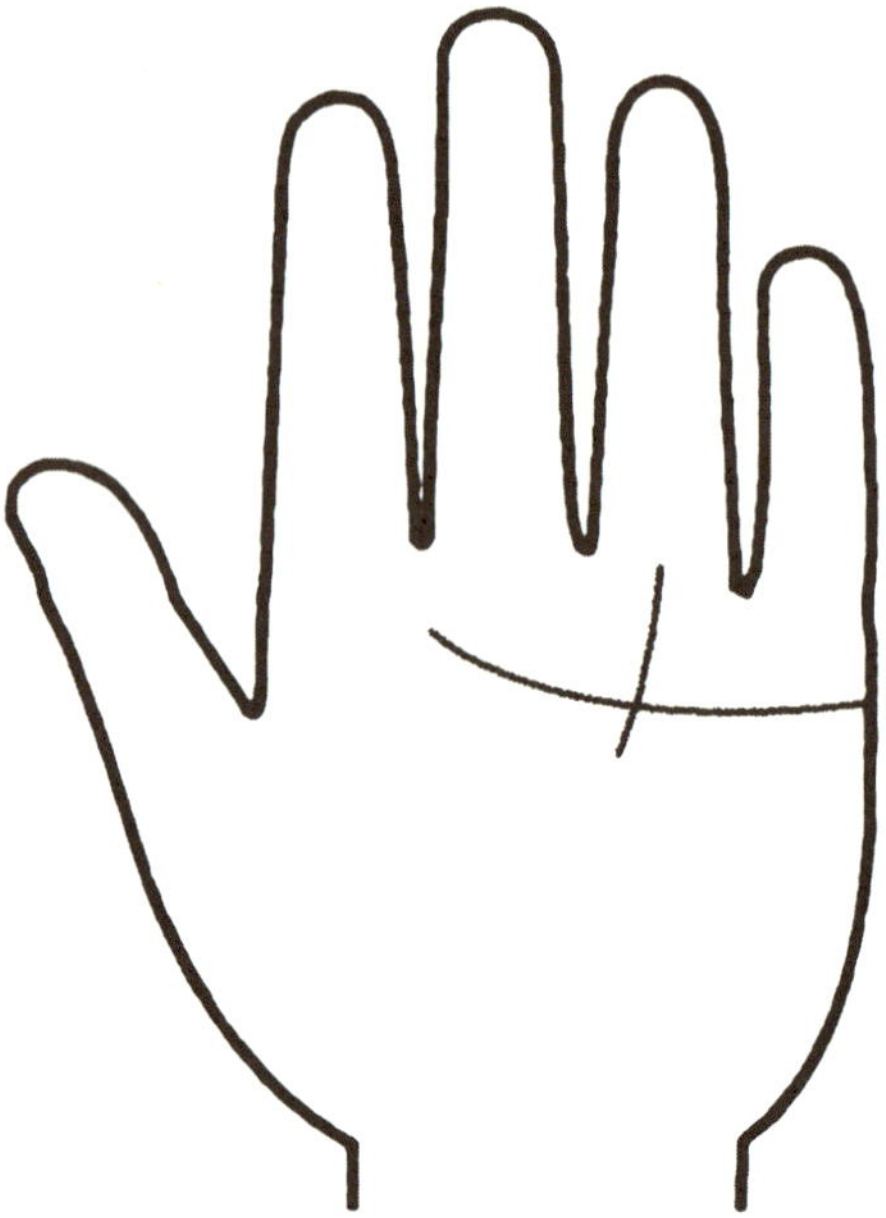

⑩金運に恵まれた型

薬指の下の縦線（太陽線）があると、名誉と地位に関係があります。太陽線が１本、くっきりとある場合は金運が強いです。２本以上の線は浪費家になるので注意が必要です。

3　金運手相にする方法とQ＆A

金運手相にする方法

用意するのは、水性ペンのみ。心を込めてこの本のイラスト（84ページ）のように線を書くだけです。インクの色は好きな色で構いません。

必ず金運がアップするように、祈りながら書きましょう。両手に書けば、なおアップすると思います。

書くのは、昼でも夜でも大丈夫。あなたのパワーを手のひらに押し込んでください。

金運手相にする方法

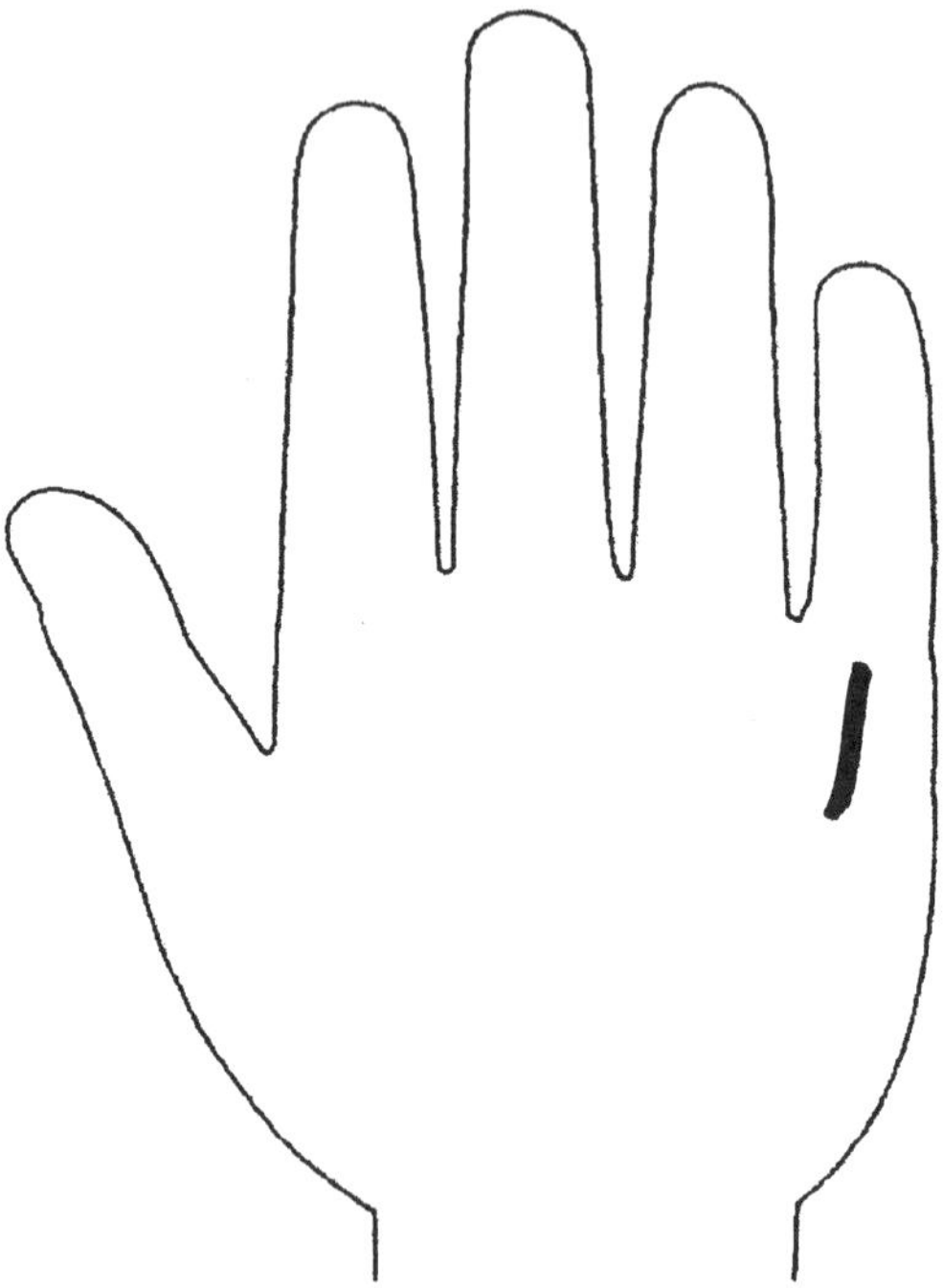

基本は見守り

「誕生から老後まで」という人生の巡りに合わせて、岐路に立った時のアドバイスの一つとして利用していただけたらと思います。困った時にその助けとなればと思い書きました。子供にはまず、いい名前をつけてください。親の思いと子供の持っている才能が違う場合は、子供に才能を与えてくださった神様に感謝をして、子供の才能を育むことにいそしんでください。「どうしたら子供のためになるか」と考えるようにすると答えが出ます。

あくまでも基本は「見守り」です。親の思いをぶつけても、強要しても、逆効果になるだけです。「どんな子供に育てたいか」という思いが強くなければ、まず運命学で子供が持って生まれた資質を調べましょう。運命学は統計学なので、当たらない場合もありますが、アイテムを与えて見守り続けましょう。

しつけの仕方も、子供の資質でとらえ方が違うので、運命学で多少わかります。あとは、子供の才能があれば開花しますので待つだけです。見守りながら……。

私の場合は長男と同じ星があり、考え方が同じでした。別に特別同じことをしようという気負いもなく、子供の夢を応援していたら、自分の昔の夢が叶って、びっくりしている自分がいるわけです。手相が一日で変わった人は何人もいます。手相が変われば考え方、心の持ち方が変わります。ときどき見ていきましょう。逆のことも言えます。考え方、心の持ち方が変われば手相も変わります。

4「ジュエル　レイン」親子で叶えた夢の話　検証結果

二〇〇八年三月の記事の検証（情報誌「シティオペラ」掲載）

私の美容室のメニューの中に人生相談があるのですが、情報誌の「悩みごと相談」も仕事にしてきました。長男が音楽の道を志していましたが、悩んでいましたので、誌面に登場してもらいました。「三十歳から生涯の夢が叶います」とありますが、本当に長男の夢は、三十歳で叶いました。前述したとおり、内田雅人先生との出逢いで開運したのです。

アドバイスどおり、この記事から三年後、平成二十三年元旦、水戸ＦＭぱるるんの特別番組に茨城で活躍しているアーティストとして出演し、オリジナルの生歌を二曲歌ってきました。同年七月には霞ヶ浦市民フェスティバルの前夜祭で、一人で七十分のワンマンショーを、ＭＣも入れながらすんなりやってのけました。長男は、輝いていました。

その年、私たちは親子で、「茨城県子守唄指導員」としてボランティア活動を始めました。

翌年にはつくば駅周辺を活性化させようとコーラスグループを結成して、駅周辺で三ヶ月に一度、屋外発表の機会を得ました。季節の歌メドレーを歌ったのです。

毎週土曜の十五時から店に集い練習した時期もあり、楽しいひとときでした。やがてグループの人員が減って三人になると、私はカラオケ通いと、作詞の通信教育を受け始めました。そして、「ジュエル　レイン」を作ったのです。

詩を見て十分間で曲をつけた長男は、「作りたかった傾向の曲だ」と言いました。初めて二人の合作ができあがりました。二曲目「恋瀬川慕情」が、二〇一五年の六月リリースされました。切ない曲です。同年七月、この曲は石岡市観光協会の推薦曲となりました。三曲目は長男が作詞作曲の「結婚のうた」をカバーしてリリース。二〇一五年初夏には、長男とのデュエット曲「潮来おどり・あやめ唄」と、ワルツ曲「花あやめ」をリリース（作詞いそまさる／作曲 白木勉）。金本幸司氏とのデュエット曲、水郷佐原観光協会推薦曲「よだうら祭り」（作詞作曲いそまさる）もリリース。「潮来おどり・あやめ唄」と「花あやめ」は、水郷潮来観光協会推薦曲となり、キングレコードから七月二十二日に全国発売となりました。

私は、強く思いました。「夢は叶うのだ」と。

これからも私たちは、自分の道を切り拓き続けると思います。どんなことがあっても二人色の作品を作り続け、二人で歌い続けていきたいと思っています。

あなたの心の扉 開いてよろしいですか?

幸せの入り江

「音楽の道を志すものの…」

K.Tさん　つくばみらい市在住　男性　24歳

悩み

作曲の仕事を希望していますが、就職先がありません。今は母の美容室に勤務しています。東京に居を構え希望の会社に就職すべきと両親は応援してくれますが、自分が抜けた後の母の店が心配です。

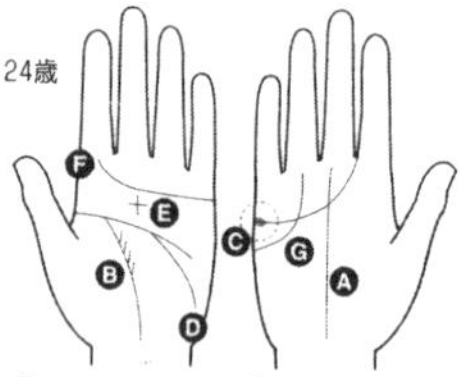

A 社会貢献できる人
B 夢がいっぱいある
C 辛抱強い
D 芸術に秀でる
E 直感力が優れる
F 指導力がある
G 人との出会いで開運

占い

長くまっすぐ伸びた運命線(A)は豊臣秀吉同様、社会貢献できる人。生命線の上方に出る支線(B)を見ると夢がたくさんありそうですが、絞った方がかないそう。感情線の支線(C)は辛抱強さを表します。長い知能線(D)は芸術家が天職。神秘十字線(E)は直感力に秀でています。先が人差し指の中心に伸びている感情線(F)は指導力に長け、小指の下方から薬指に向かう線(G)があれば、人との出会いで開運し、幸せになれる相。M字型の額(H)は理想主義者。ほおのほくろ(I)は異性運、仕事運とも強い人。口角の横のほくろ(J)はおしゃべりで運を開く人です。

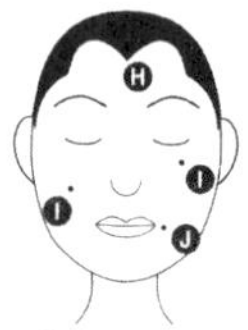

H 理想主義者
I 異性運・仕事運強
J おしゃべりで開運

アドバイス

クリエイティブな仕事が天職。絶対音感があり、かたくなに夢をあきらめないでしょう。30歳から生涯の夢がかなう星があります。今の時期は人生の基盤を固める意味でも、宿命通り親のバックアップを得て飛躍を。2足のわらじをはける人なので、自分磨きで開運。3年後に開花します。

「シティオペラ」2008年3月号

5　突然現れるめずらしい手相

あなたの手相にありますか？

手相は日々変わります。今、悲しいことや悩んでいることがあっても、これからどうなるかはわかりません。

私は、「常陽ウィークリー」で手相相談のコーナーをもっていますので、そこで見た手相を紹介します。全部は紹介しきれないので、厳選した金運、仕事、健康、愛情運の手相を見ていただきたいと思います。実は、私の両手にある手相も入っているんですよ。

あなたの未来を知るためにも、ご自身の手相をじっくり観察してみてください。

金運1

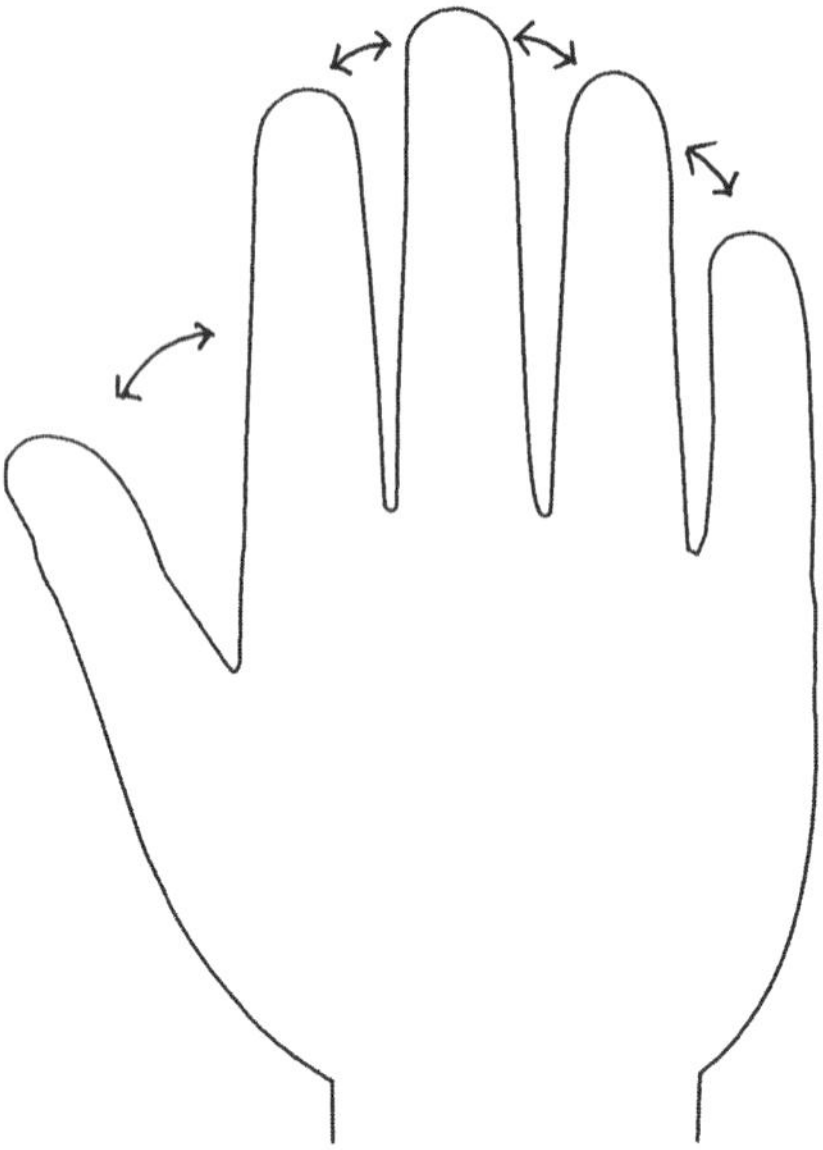

Q

金運が良いか悪いかわかりますか？

A

手の出し方でわかる人もいます。5本の指を広げて手を出す人は、楽天家に多く、開放的・オープンな人です。こういう人はお金儲けも上手く、一度に大金を手に入れることもあります。その一方ではルーズな面もあり、使い方も派手なので出費がかさみ、自分の貯金はなかなか貯まっていきません。気前のよさもほどほどにしないと、金運が逃げていくかもしれませんね。

金運2

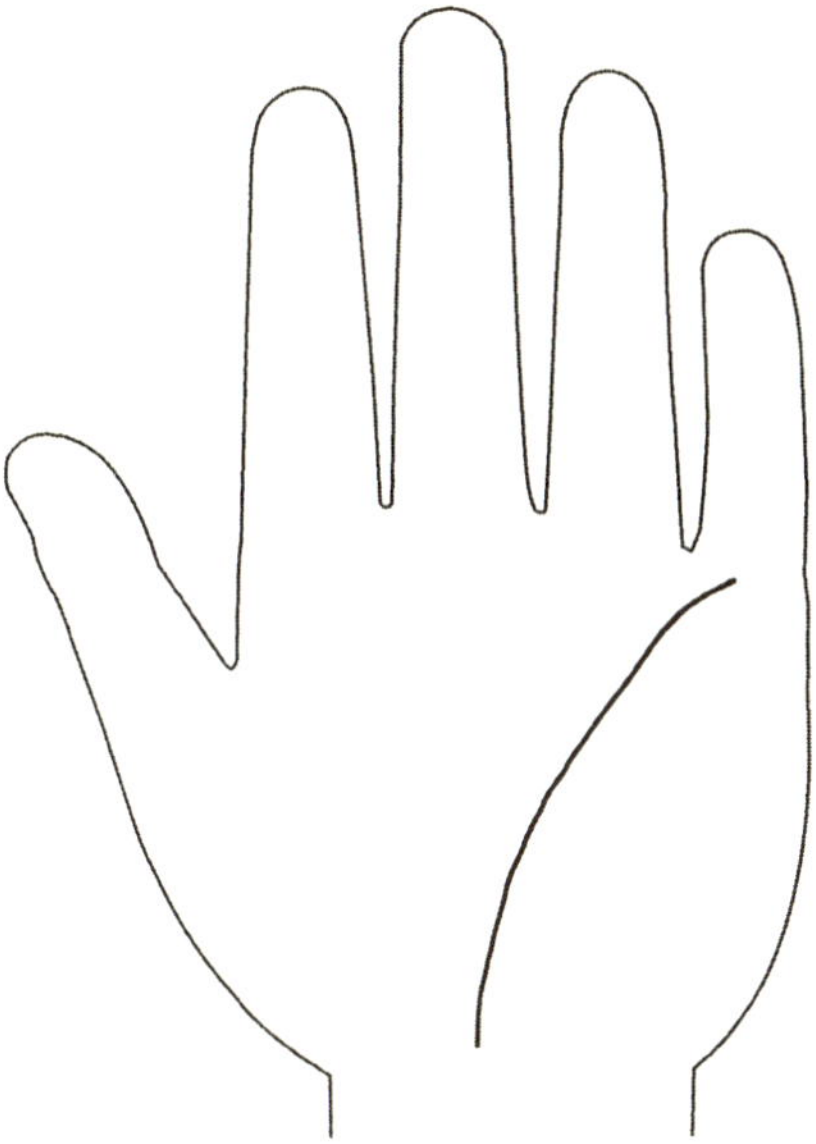

Q
運命線が小指の下まで行っていますが……

A
素晴らしく商才のある人です。やりたい商売があれば、迷わずやったほうがよろしいです。上手くいく可能性がとても高いです。自分を売り込むことがとても上手で、しかもエネルギーが高く、印象も強いため、すぐに相手に良いイメージを残すことができます。よって、商売も上手くいきます。先祖を大切にすると、ますます上手くいくでしょう。

金運3

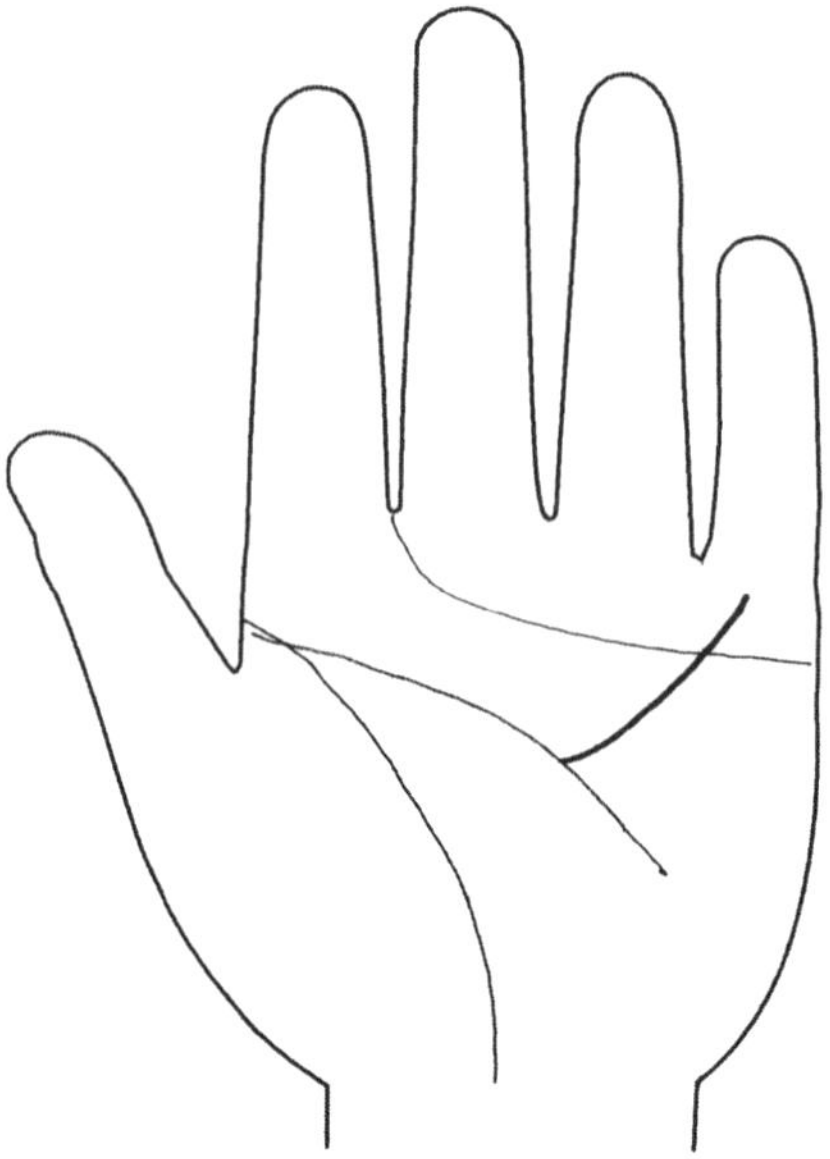

Q

経営者になりたいのですが、向いていますか？

A

図のように、小指の下まで伸びる太線を持つあなたは、外交能力、商才、財力があり、お金ももうけられる人です。経営者に向いています。物事を科学的、論理的にとらえ、時代が何を求めているかを的確に判断できる能力を秘めています。ただし、自分の才能を過信してはいけません。商売は「賭け」でもありますので、勇気も必要ですよ！

金運4

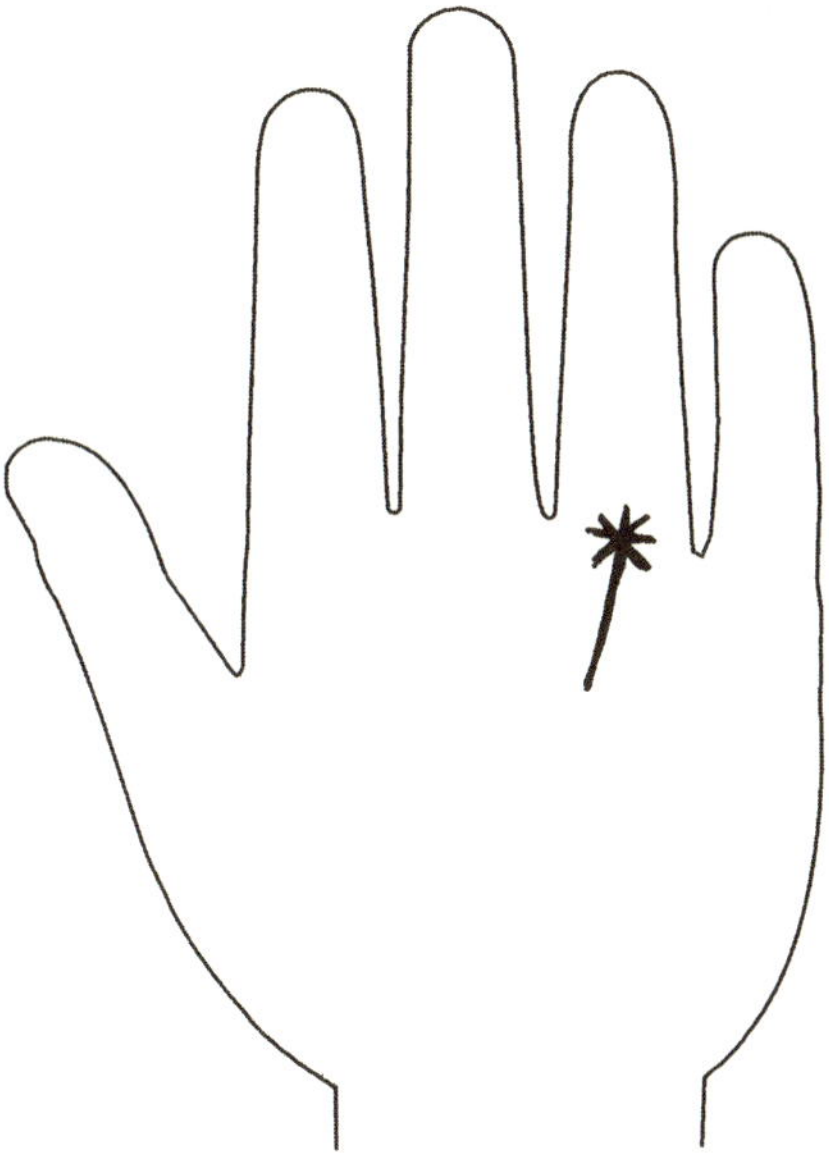

Q

薬指の下に変な形の印があります。何でしょうか？

A

これは太陽線や人気線と呼ばれる線です。人気があり、支援が得られる人のみに現れるサインです。もちろん成功を表します。大変な吉相で、成功、金運のある人のみに現れる幸運の印です。この部分が発達して、ふっくらした状態であればあるほど、間違いなくお金持ちとなるでしょう。芸術家やタレントにとても向いています。人気が出て成功者になれるでしょう。

金運5

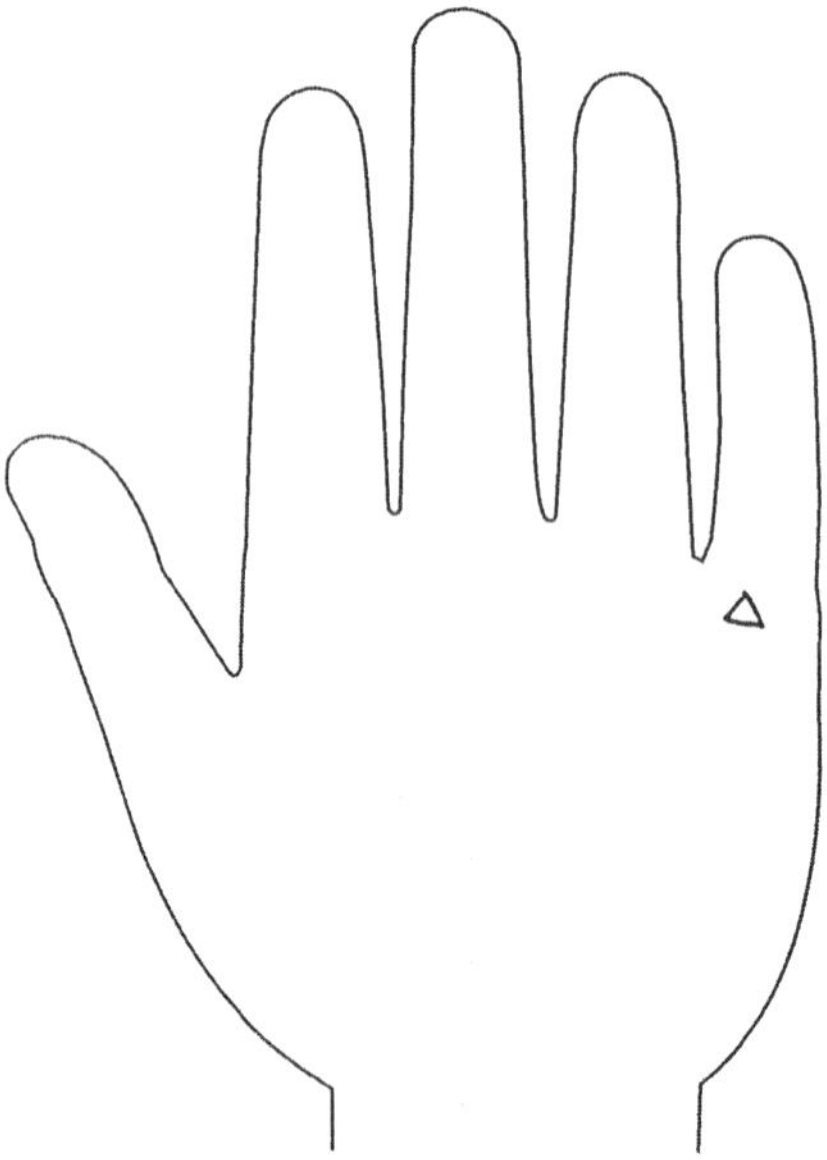

Q

小指の下に△印があります。何を意味しますか？

A

あなたは選ばれし特別な人です。この△印がある人は、そう多くはいません。普段から、何か良い行いでもしているのでしょう。この印は「三角紋」といい、ビジネスで大成功し、富を手にすることを表しています。幸せになれる、恵まれた人ですね。余生も裕福に送れると思います。願ってもない手相です。

金運6

Q

お金持ちになりたい!!

A

こんな形の線があれば、あなたは金運に関して申し分のない人生を送ります。3本の線がしっかりと刻まれているほど、ひとりでにお金が集まってくる、すごくラッキーな手相です。もしなければ、水性マーカーで夜寝る前に書いてみましょう。気持ち次第で、線は変わってきますので、もしかしたら大金持ちになれるかもしれません。ただし、「努力」は必要ですよ。

金運7

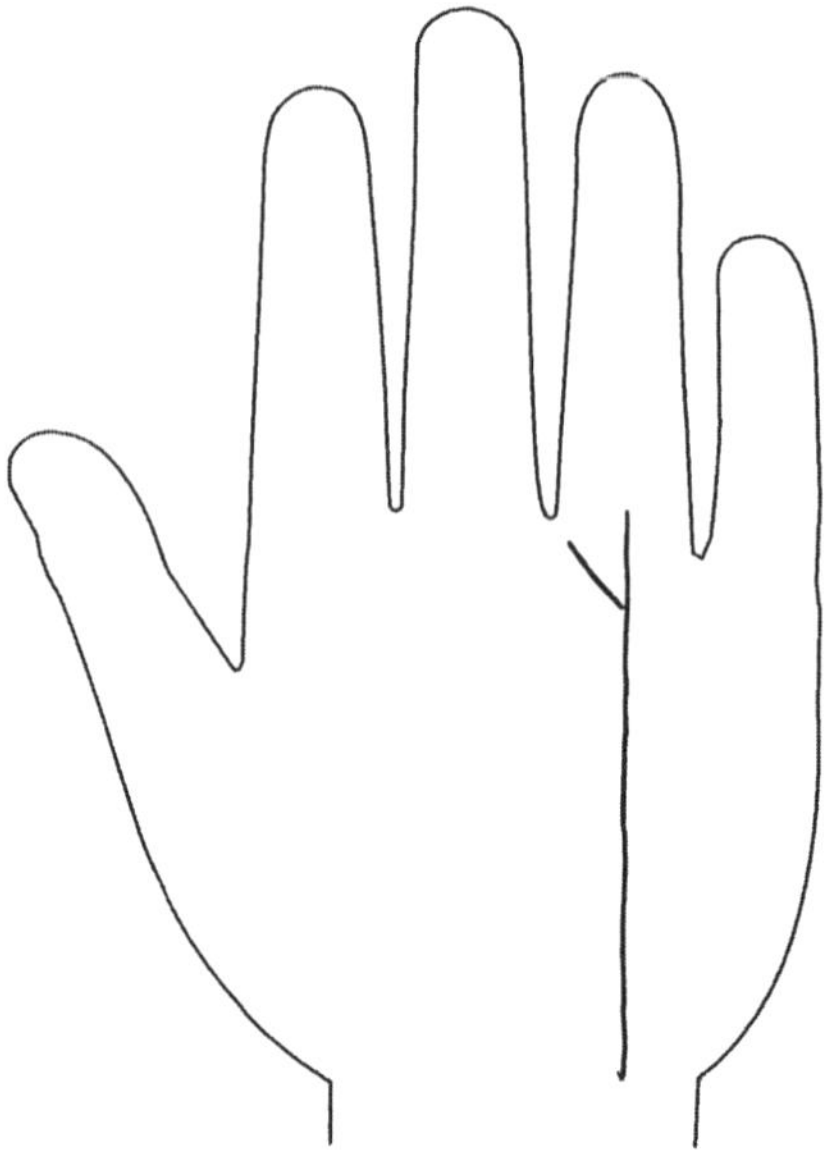

Q

ほかの人にはない線がありますが。

A

この線は、太陽線の1つなのですが、ほかの人にはないということですね。2つ以上の仕事に気が向くことを表しています。ほかの線が悪いとそうでもないのですが、よい時は、太陽線の意味を促すことになります。大成功の道をたどることになるでしょう。努力の成果が表れる線なのです。いくら、よい運勢の運命線を持っていても、努力が報われない人もいます。

金運8

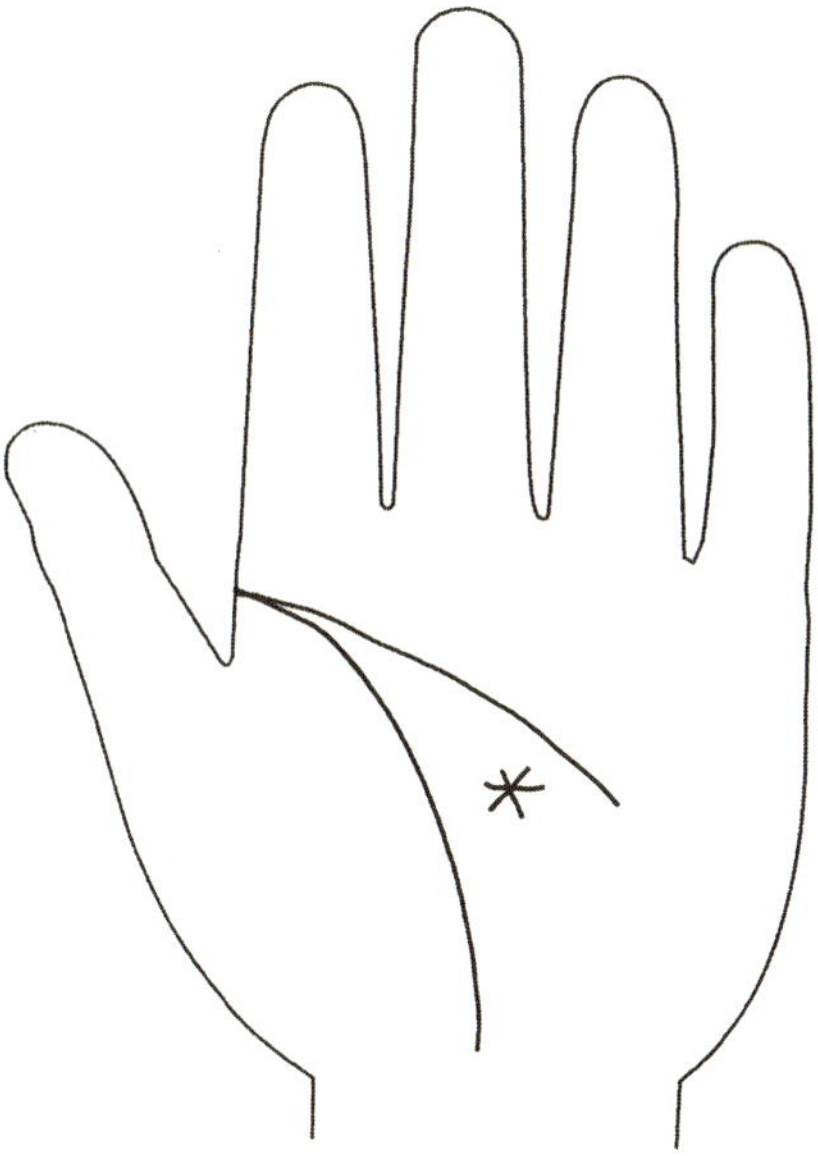

Q

星の形があるのですが。

A

幸運というほかにないほど、とても稀な手相で、誰にでもあるものではありません。大変な苦労をして人生を歩みますが、最後には大成功する手相です。ビジネス・商売での成功を示しています。「成功」と「富（お金）」という願ってもないものを手中に収めることのできる、最高の手相です。ほしくてもなかなか現れません。羨ましいですね。

金運9

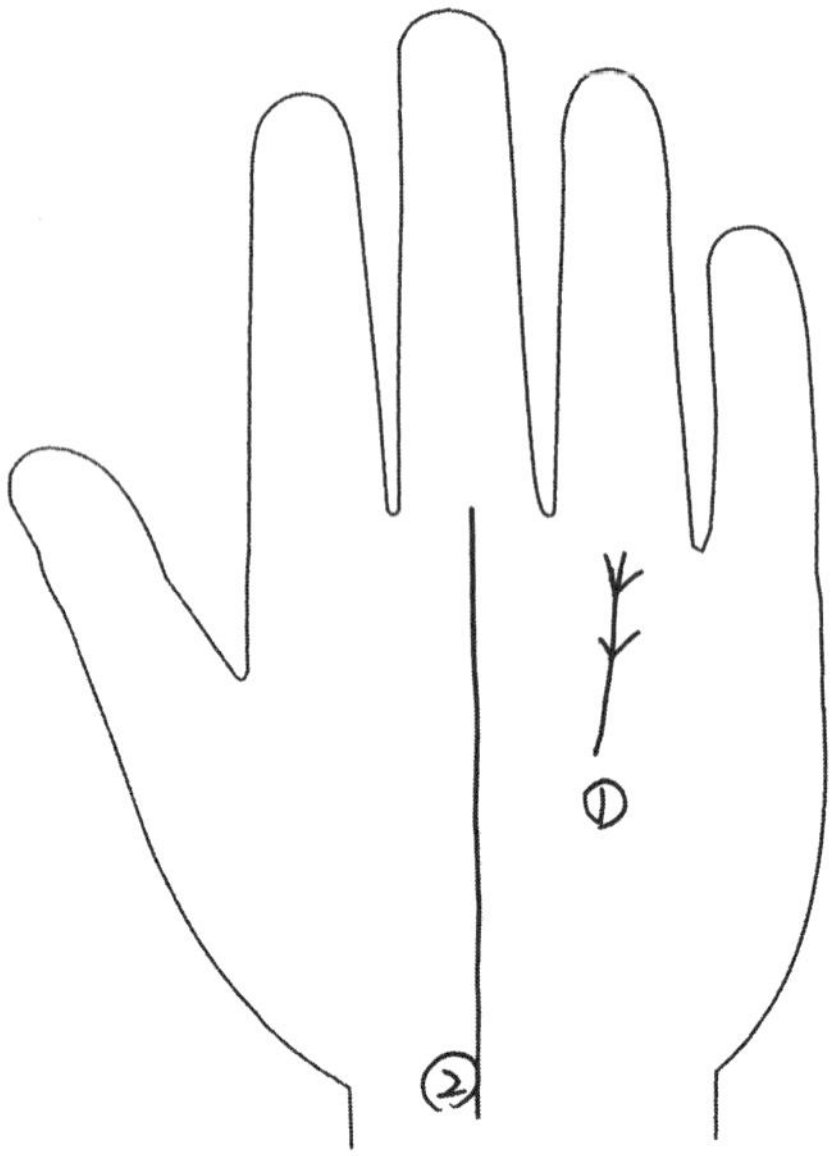

Q 枝分かれした、ちょっと変わった線があります。

A これは幸運度を表す太陽線（図①）と呼ばれる線の1つで人気、財運を表します。はっきりとした運命線（図②）もあれば確実に成功者となれるでしょう。太陽線があると、人生がどんどん開運してゆき、当然、財も手にすることができますが、反対に太陽線がない人は、人気と名声が伴わない人生となるでしょう。誰にでも現れる相ではありません。努力を重ねた人のみ現れます。

仕事1

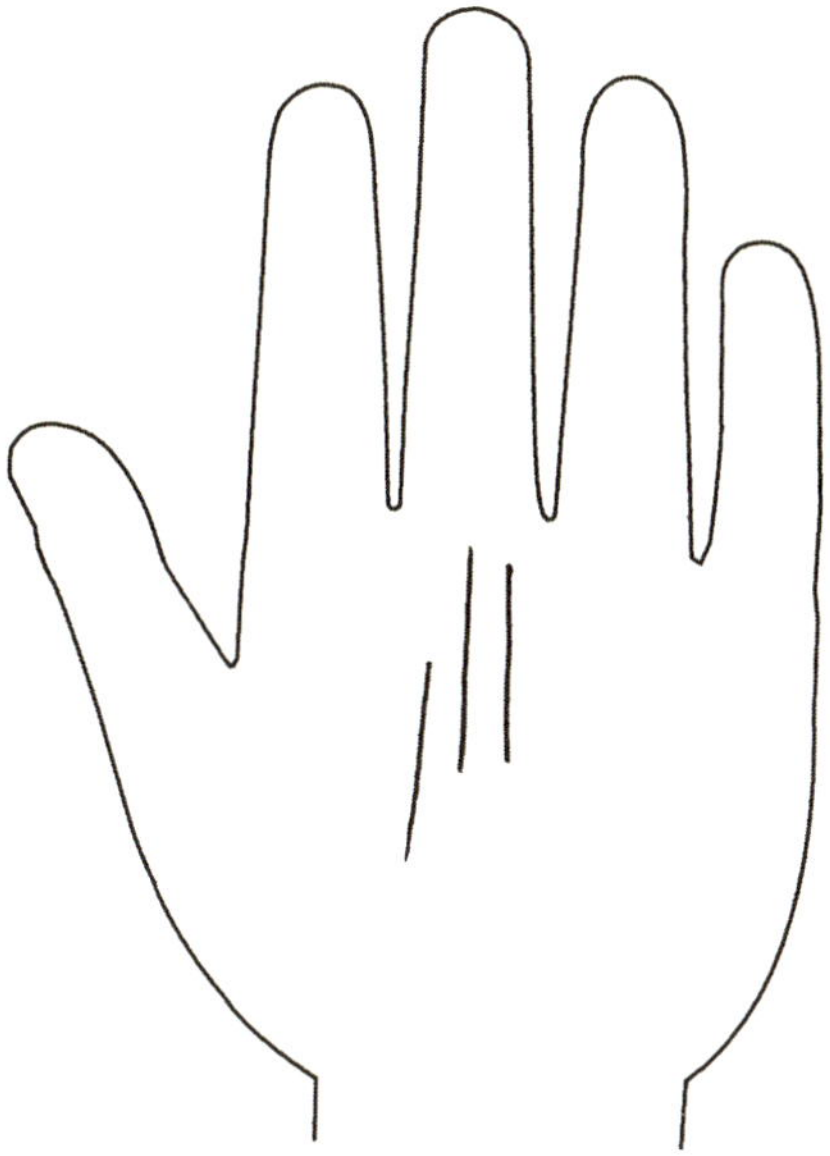

Q 私の仕事運を見てください。

A 中指に向かって、濃くて太い線が1本伸びている人は、しっかりした仕事運の持ち主です。また、線が複数ある場合、線の数だけ才能や能力があるということを表し、いくつもの仕事を同時に行うことが可能です。つまり、3本あるあなたは3ヶ所から収入を得ることができる人です。女性の場合は、仕事も家庭も上手に両立できるということも表します。

仕事2

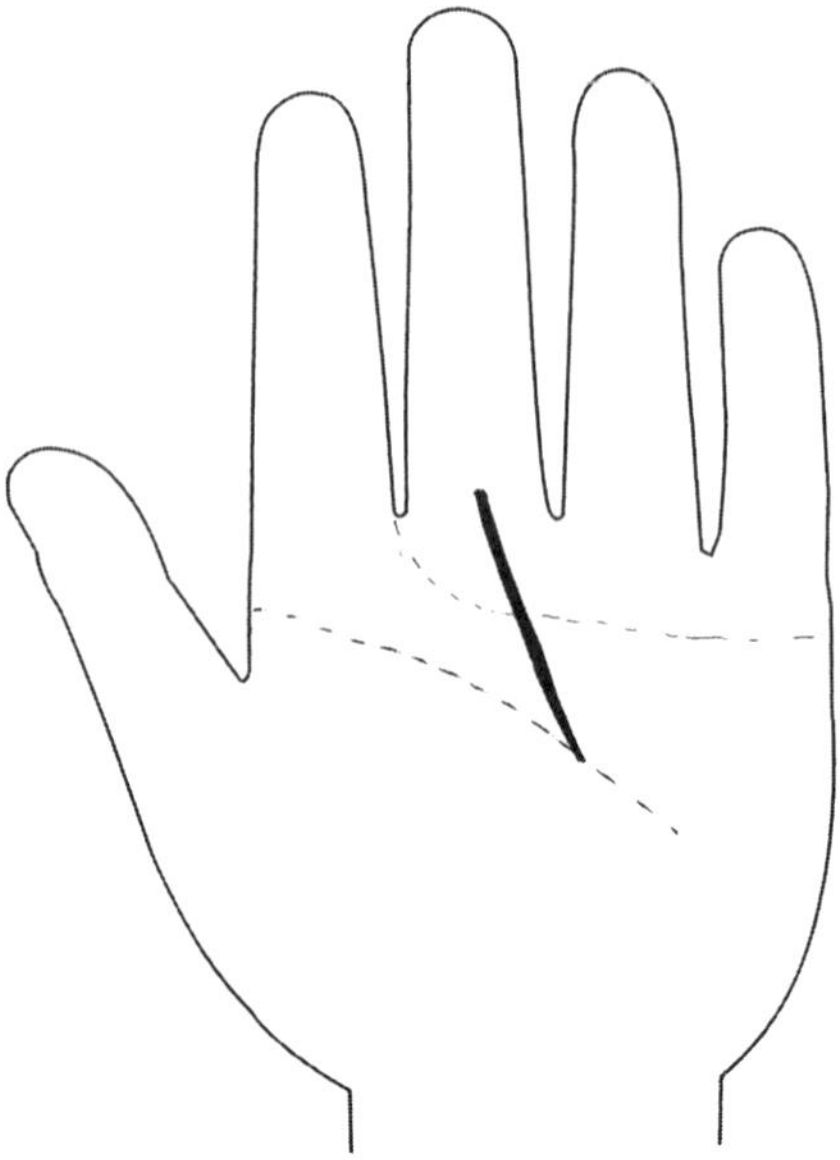

Q

私は何の仕事に向いているでしょうか？

A

中指に向かって伸びる線は、全て仕事線として見る運命線です。図のように知能線からスタートしている運命線を持つあなたは、才能で生きていけることを表し、芸術家や学者、教師に多い相です。1人として同じ太さ、長さの人はいません。そして、何歳くらいから開運となっていくのかおおよその見当がつきます。その人の人生ドラマもちょっぴりわかります。

仕事3

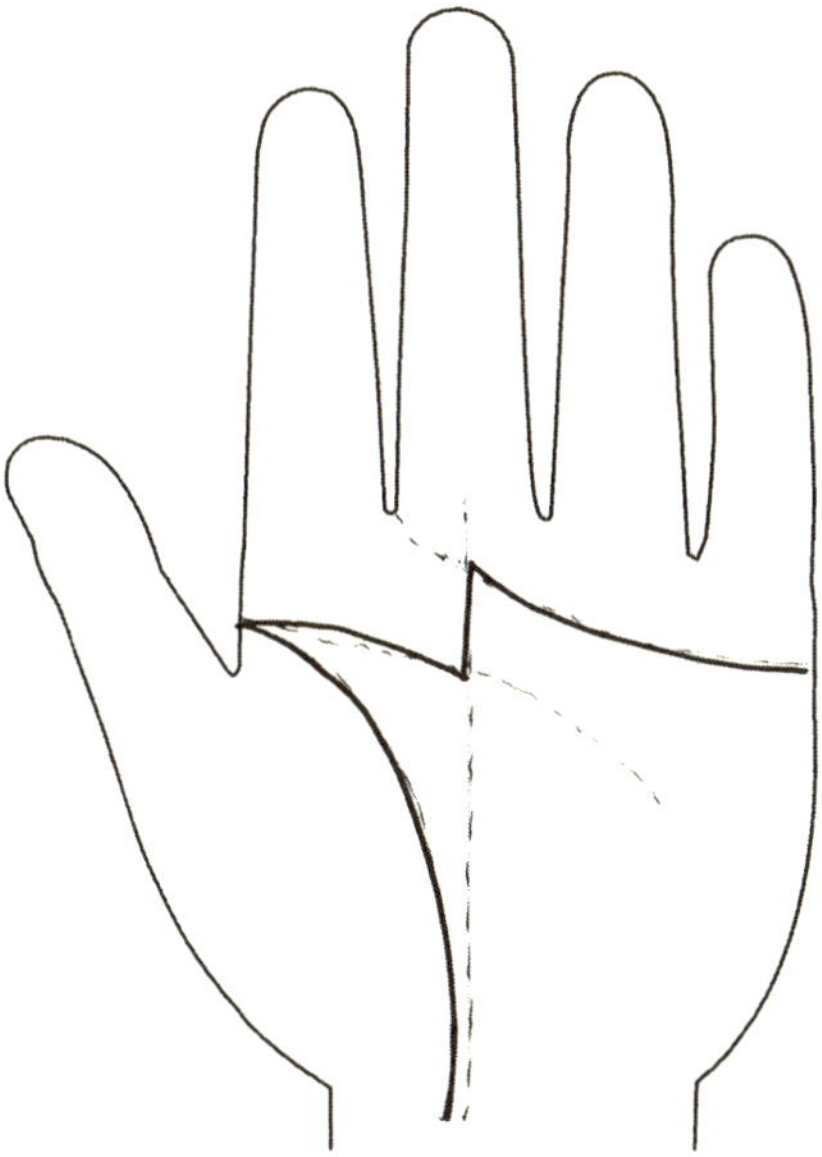

Q

どんな仕事をすべきか、迷っています。

A

手のひらにM字があれば、どんな仕事でも大丈夫。上手くいきます。生命線、頭脳線、感情線、運命線の4つがくっきりしているとバランスが良く、働き盛りの30代から50代に社会で活躍できると推測できます。必要十分な収入が得られ、好きな仕事であれば、幸福な気持ちで続けられるでしょう。

仕事4

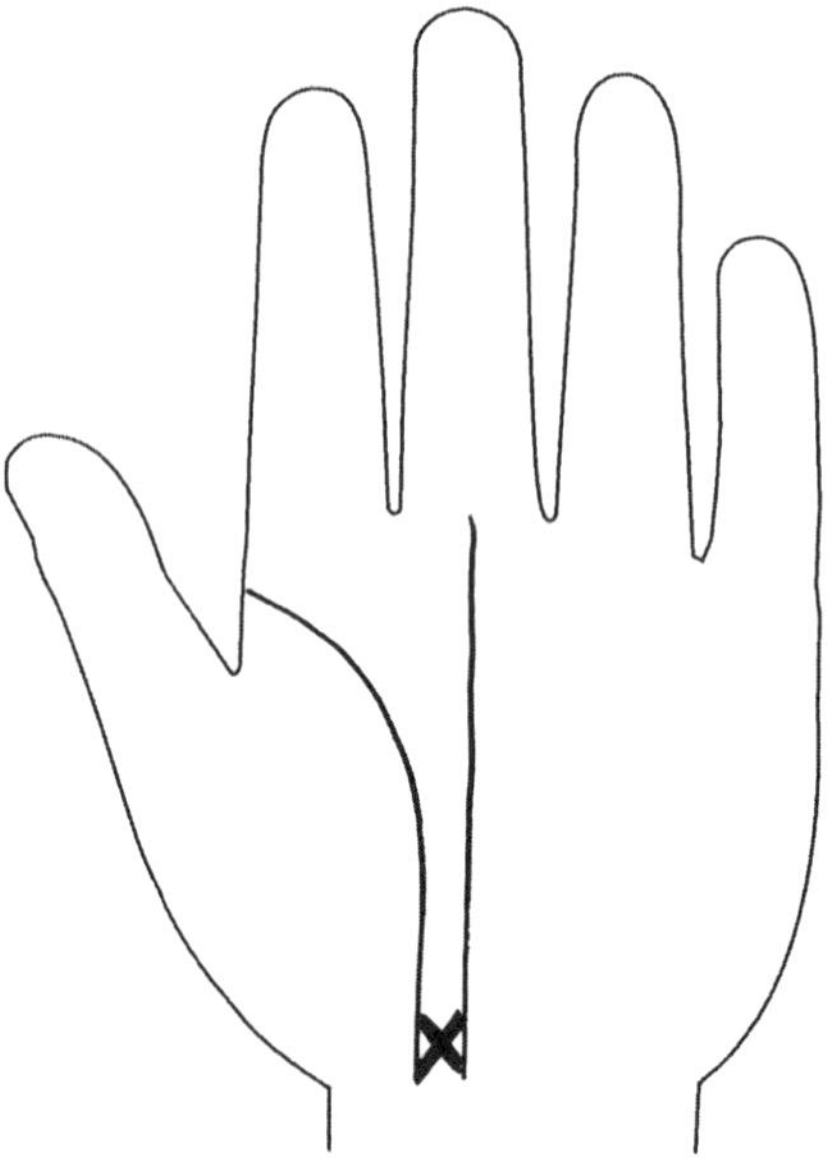

Q

手のひらに×印があるのですが……

A

生命線と運命線の所にあるのでとても気になると思いますが、これは特に悪いサインではありません。あなたへの幸運のメッセージです。図のように生命線と運命線の間、下のほうに×印がある人は「人命を救う職業に就くこと」を表します。当然、人間相手の職業に就いている人に多く現れ、特に医師や看護師、救急隊員などに出やすいものです。人生相談業の人にも現れます。

仕事5

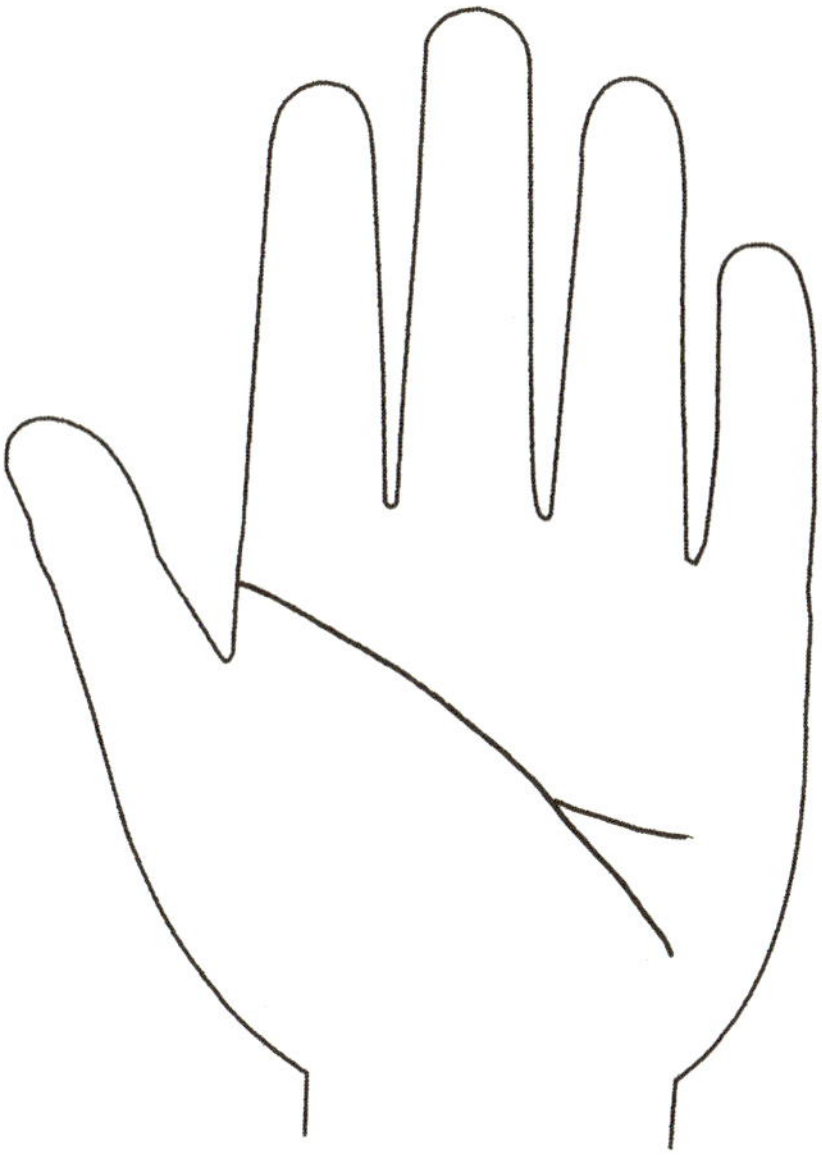

Q

知能線が分かれているのですが……

A

この手相はマルチな人のものですね。二足のわらじを履ける人、仕事と家庭を両立できる人です。好奇心旺盛で、いろいろなことに興味を示します。人によっては2ヶ所から収入を得られます。ちなみに、線の角度で同じ分野なのか、全然違う分野なのかもわかります。仕事が倍になると、人間関係も倍になるのにあなたは平気です。それはまさに、あなたの才能ですね。

仕事6

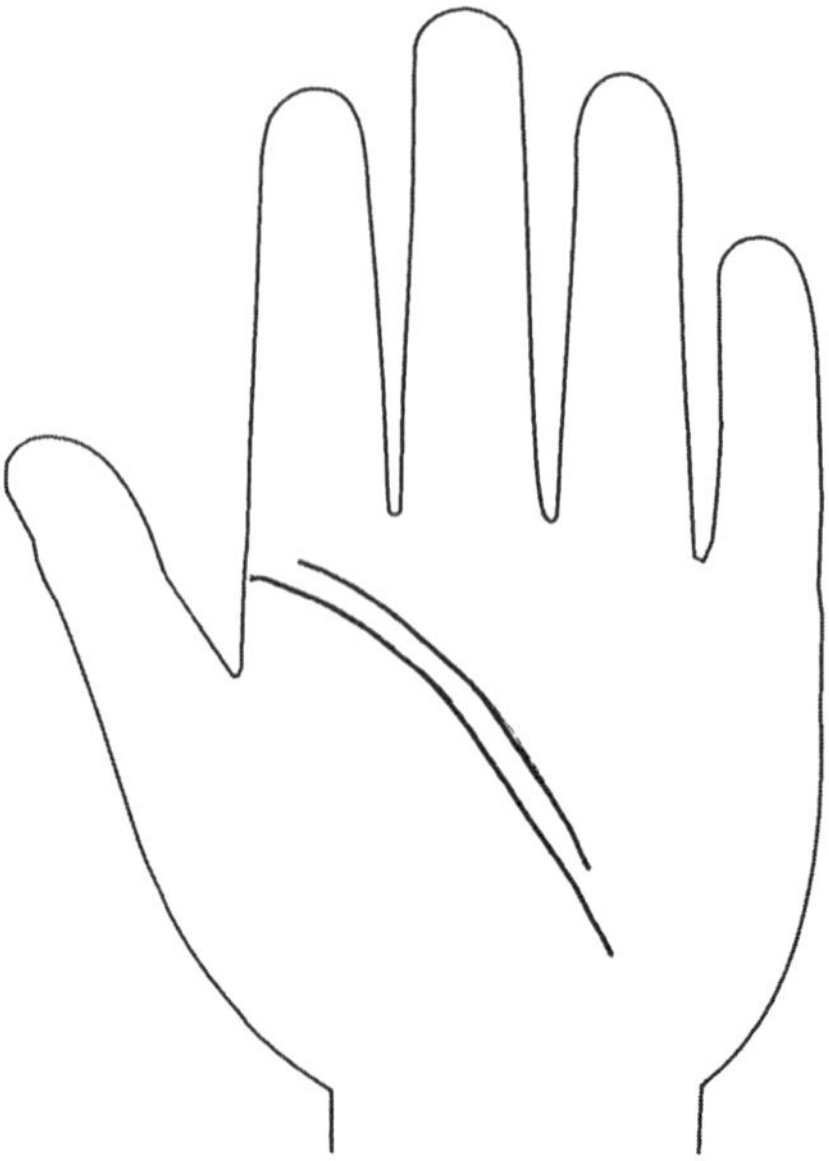

Q 知能線らしき線が2本あるのですが……

A これはまさに2人分の才能を表す二重知能線です。このタイプの人はそう多くはいません。あなたは、誰も踏み入れたことのない世界で新しい仕事を見出し、創業者として独立し、成功する人です。たくさんの才能を持ち、全てのことを仕事につなげられる豊かな才能と実行力もあります。何をやっても収入に結び付く人です。羨ましい人ですね。

仕事7

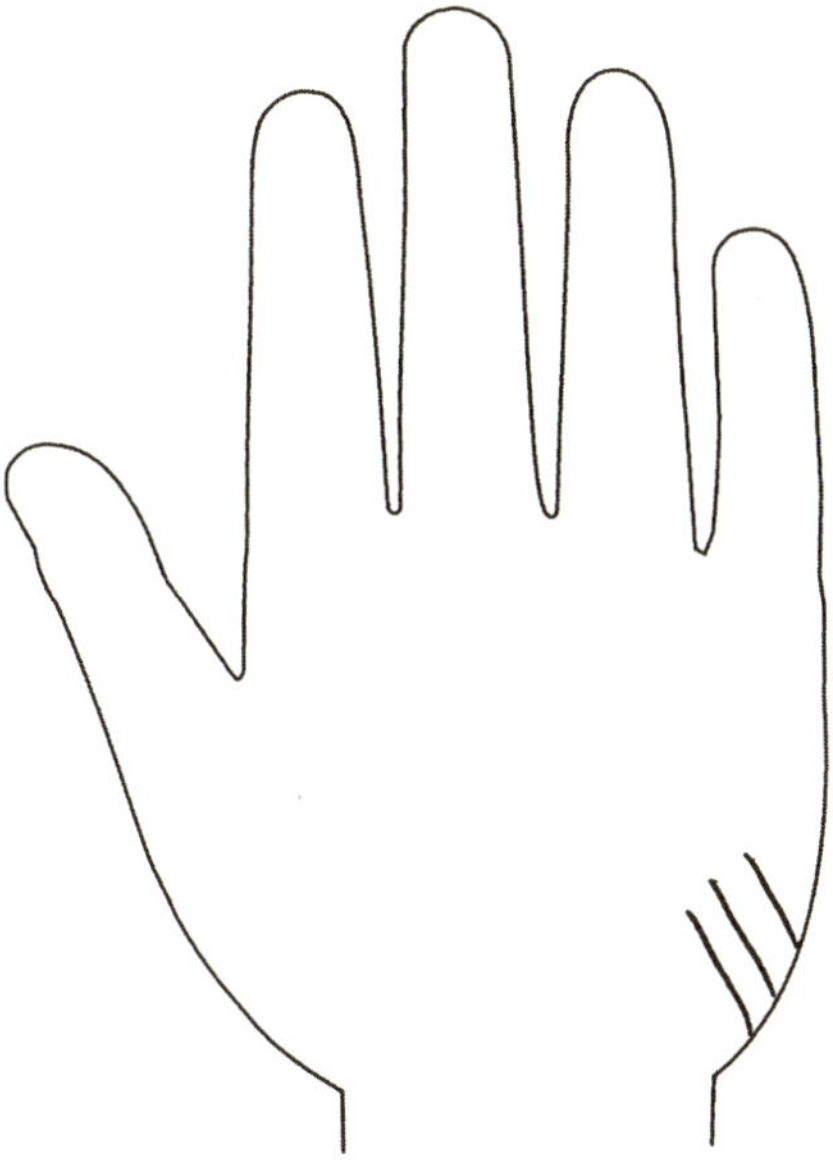

Q

下のほうに、斜めに走る線があってとても気になります。

A

この線は人から愛される相と言われています。あなたは人から好かれる人ですので、不特定多数の人を相手にする仕事を選ぶと良いでしょう。今は違う仕事をしていても、将来、人気に支えられる仕事をするとより成功します。自分の潜在意識の中にその欲望があるはずです。セールスマンをはじめ、接客業にも向いています。あなたの持つ人間的魅力が人を引き付けます。

仕事8

Q

最高の吉相というものはありますか？

A

三奇線という大幸運の吉相があります。仕事運を表す中指まで伸びる運命線、人気と信頼を表す薬指まで伸びる太陽線、そして小指まで伸びる金運線、この3つの線が1つになっている人は素晴らしい幸運に恵まれます。お金、名誉、名声が得られ、仕事も大成功するでしょう。良き人生が歩めそうです。ただし、片手だけにある場合は、若干意味が違います。ぜひ一度手相を見せてください。

健康1

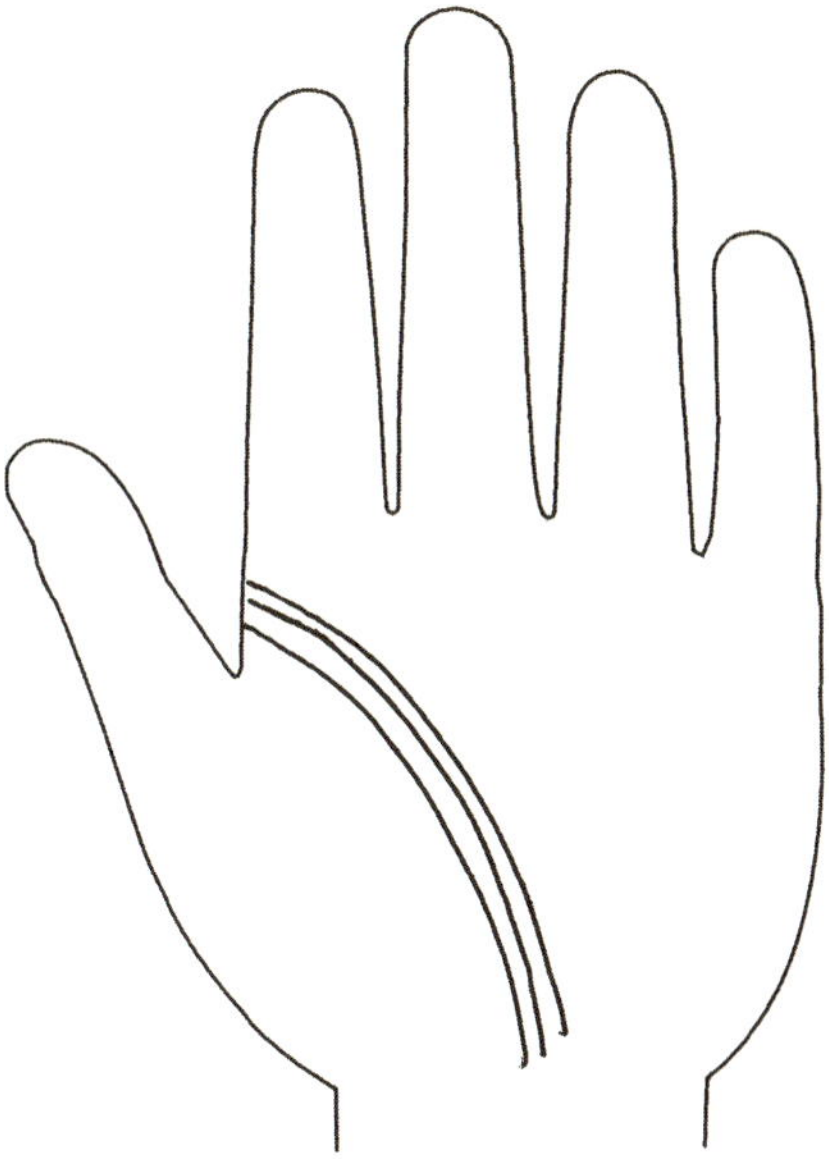

Q

生命線が何本もあるのですが……

A

あなたは体力的にとても充実し、強運で健康に恵まれている人です。2重線は2人分、3重線は3人分の体力があるということを表し、より健康だということを表します。さすがに4重線の人にはまだお目にかかったことはありませんが、もしいたら、選ばれた人かもしれません。いずれにせよ長寿で幸せな人であることは間違いないでしょう。

健康2

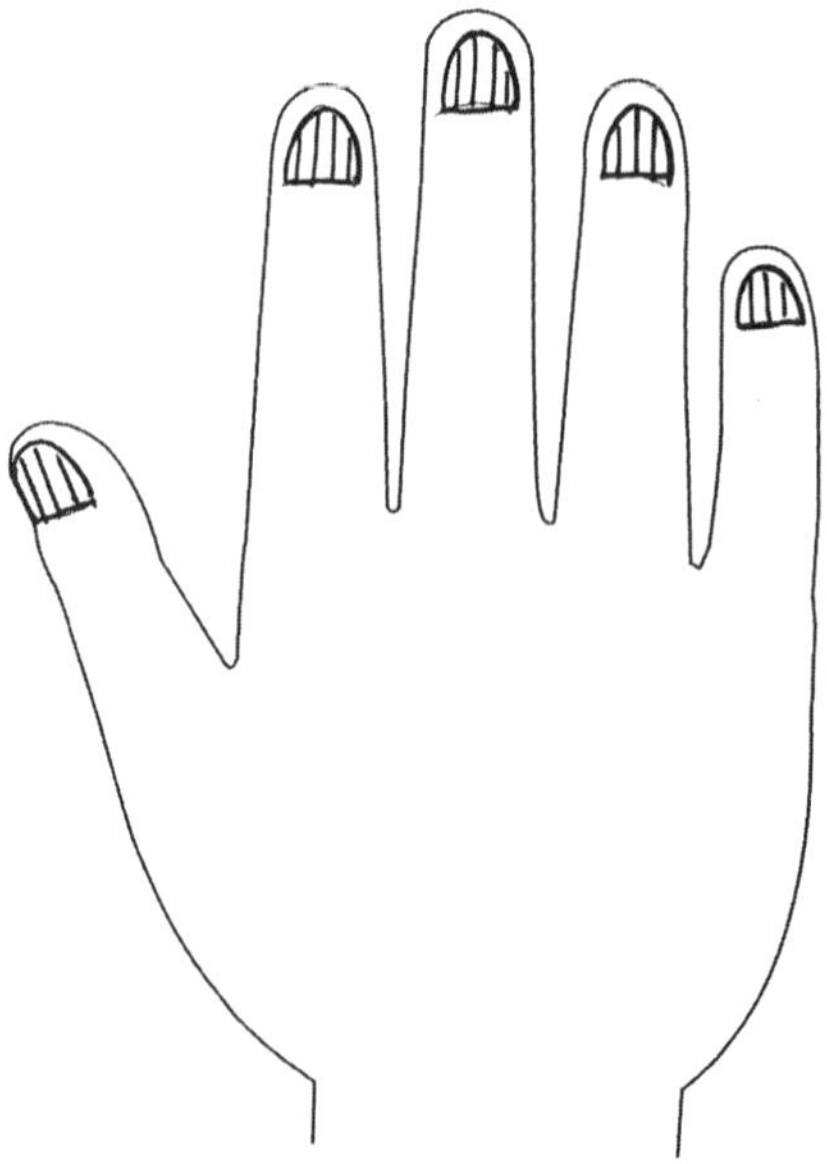

Q 全部の爪に縦の筋が出てきました。どうしてでしょう？

A 爪は健康を表してくれます。図のような縦ラインは、不健康を表しています。おそらく知らないうちにこうなっていたと思います。神経が参っている人に出やすく、とても疲れていて過労を表しています。早めに疲れを取り除くように努力しましょう。そして、「考えてもどうしようもないこと」は考えないようにしましょう。こうするだけでも、この爪は少しずつ元の状態に戻るでしょう。

愛情運

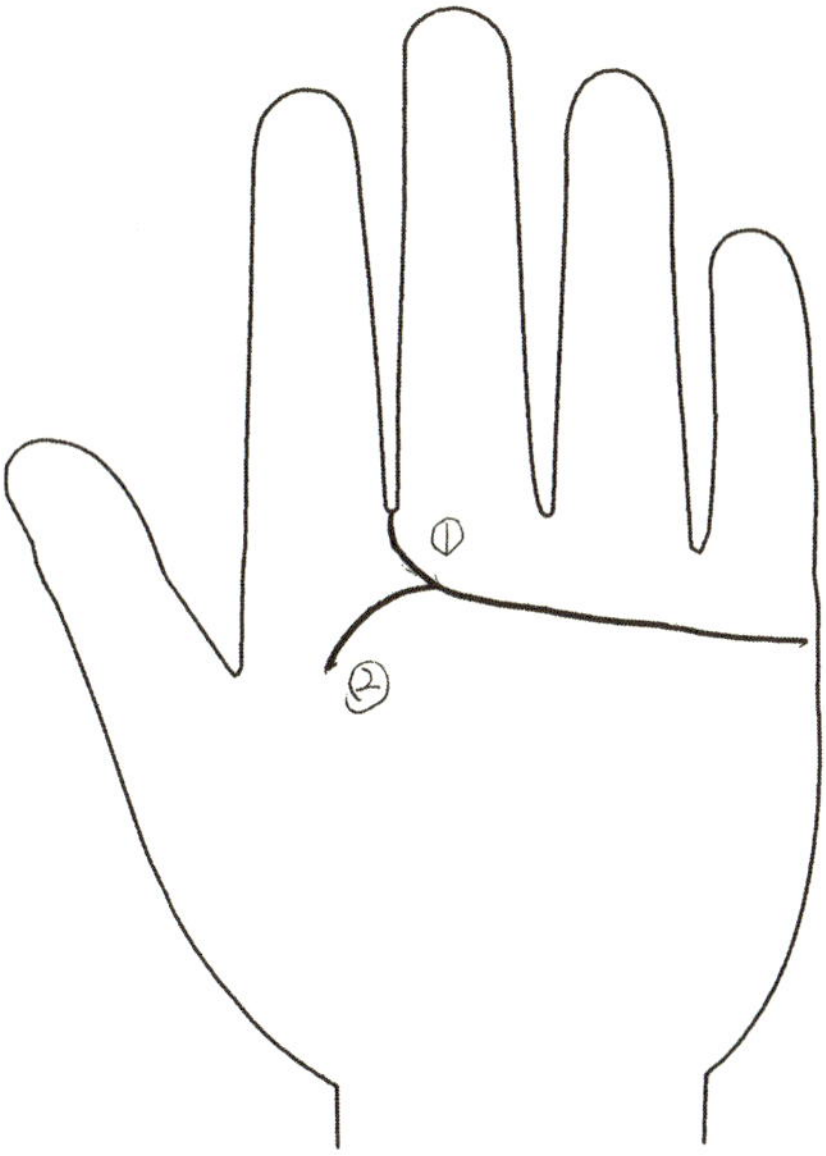

Q

私の感情線はちょっと変わっています。判断をお願いします。

A

一般的に感情線は単独で判断せず、他の線と一緒に見て総合的に判断することが多いのですが、このように①と②が1つになっている感情線を持っている人の場合、単独で性格を見ることができます。①だけ、②だけというふうに1本だけ持っている人も多いのですが、①は尽くす人で良妻賢母型、②は優しい人に現れる線です。①と②の両方を持っている人を妻にめとった人は、幸せ者ですね。

あとがき

私が、自分の人生の目的というものを考え始めてから、何年が経つのでしょうか。必死に生きていけばそれもわかると思い、私はいろいろなことを学びました。

美容と健康を学んで、知ったことがあります。根本の「心の健康」を学ばないと、本当の美と健康は手に入らないということを。そう考えた私は、二十四時間営業の美容室を経営しながら、運命学とカウンセリングの実技を学びに、東京まで何年間も通学しました。カウンセラーの資格は、通信教育で取得しました。

そうしているうちに、わかったことがあります。死ぬまでに、心の平安を得ること。悟りの境地に至ること。そうすれば、心のやすらぎを持って死を迎えられること。人生の目的とは、このような状態になるよう、自分を磨いていくことだと……。

私がこの世に生を受けてから、二〇一五年で六十四年が経とうとしています。今まで、私のまわりで二人の方が、大切な命を自ら絶つという悲しい出来事が起きました。そのたびに私は、「命」というものに深くかかわるようになりました。でも私は、なんの力にもなれませんでした。私にできることは、精一杯のアドバイスを伝えることです。幸せになれる方向へ導くことです。

そして私の使命は、二人の命の重さを忘れずに、職場に立ち続けることだと思っています。

岐路をチャンスにするために

姓名判断の本もたくさん出版されていますし、インターネットでも調べられます。どの本にも六大吉数が書いてあります。この吉数をつければ、まず大丈夫です。手相も運命学も、信じた本を利用して、それらをあくまでも参考にして、自力で岐路を乗りきってください。

知人、友人、そして美容室のお客様はじめイベントでのお客様を検証してきました。検証方法は姓名判断と手相を見て、本人の今までの人生がそのとおりなのかどうか、確認することです。何万人という方々の検証結果は本当に高い確率で当たっていて、そのとおりでした。命名する時の名前の大切さを思い知らされます。

かといって占いを信じすぎると身動きができなくなり、自分がつらくなってきます。それを払いのけるには毎年、方位厄除けをしながら前進すると、気持ちが違ってきます。人を許すのに大きな器はいりません。心から許してあげると、行動も変わります。許すことで自分も許されるのです。

人生の岐路、項目別に使用する占い法を書きました。ぜひ、チャンスにしてほしいものです。あなたが幸ある方向へと導かれることを、お祈り申し上げます。

岐路をチャンスにして開運してきました。後悔しない選択と勇気ある行動があなたの人生を変えていきます。ぜひ、素晴らしい日々をお過ごしくださいませ。

そして常に目標を持つことで前進してまいりました。その目標に向かって一歩一歩、前に進んできました。今さらながら目標の大切さをしみじみと感じています。目標を常に掲げてきましたので、その記録を表示しました（50、51ページ）。

本書は、情報誌「シティオペラ」と「常陽ウイークリー」の担当者の方々、「常陽小学生新聞」の池田正樹氏、文芸社のみなさんのお力添えと励ましがなければ、完成しませんでした。本当にありがとうございます。

念願の「出版」という大きな夢も叶いました。深く感謝します。

参考文献

『発達障害のいま』杉山登志郎　二〇一一年　講談社

著者プロフィール

松村　命沙（まつむら　めいさ）

1951年生まれ。宮城県立佐沼高等学校卒業。国際理容美容専門学校卒業。国際整体療術学院卒業。カウンセラー短期養成学校卒業。

48歳の時、念願の整体ルームつきの24時間営業の美容室をつくば市にオープン。50歳から運命学を学び、現在は各種悩み相談も行っている。また、「常陽小学生新聞」に才能発掘子供手相を執筆中。長年、情報誌に手相人相人生相談を執筆中。

ラヂオつくばで毎週水曜、朝10時45分から、音楽番組「松村ファミリーのクリスタルモーニング」の親子パーソナリティーも務めている。小学校に出向き、小さい子供たちへの絵本の読みきかせや、フラダンス「プア・アンス」と歌のコラボ、キーボード奏者、粕谷生乃さんとのライブコラボ、インディーズデビュー曲である「霞ヶ浦浪漫」を作詞された中山敏子（作詞家名、蛯名敏子）先生との歌のコラボ、長男、松村陽輝との無料ライブ等、いろいろな活動をしている。茨城県マリッジサポーターのボランティアも続行中。

茨城県子守唄指導員。茨城作詞作曲家協会会員。日本作詩家協会会員。日本音楽著作家連合会員。

2014年８月、テレビ東京の番組「たけしのニッポンのミカタ！」で24時間営業の美容室を紹介され、「鉄人美容師」の異名を得た。歌唱力のある人を発掘するためのカラオケ大会企画中。

2014年３月「ジュエル　レイン」（作曲編曲・松村陽輝）リリース。この曲で作詞家デビュー。同年７月には「霞ヶ浦浪漫」（作詞・蛯名敏子　作曲・あいゆきひこ）でデビューを果たす。

2015年６月リリースの「恋瀬川慕情」は、２作目の親子合作曲である。５月には「結婚のうた」（作詞作曲・松村陽輝）をカバーする。茨城作詞作曲家協会のカラオケ大会で優秀歌唱賞を受賞した金本幸司氏とのデュエット曲「よだうら祭り」（作詩作曲・いそまさる）をリリース。初めての親子デュエット曲「潮来おどり・あやめ唄」（作詩作曲・いそまさる）、ワルツ曲「花あやめ」（作詩・いそまさる　作曲・白木勉）も同時期にリリースする。

＊「恋瀬川慕情」７月15日、石岡市観光協会推薦曲となる。
＊磯勝先生の場合、恩師・門井先生より作詩家として「作詩」の表号を許されましたので、「作詩」と書かせていただきました。

挿絵　志田圭織

こうすれば幸せになれる！
実録・三歳からの手相診断と岐路別運命学検証本

2015年10月15日　初版第１刷発行

著　者　松村 命沙
発行者　瓜谷 綱延
発行所　株式会社文芸社
〒160-0022　東京都新宿区新宿1－10－1
電話　03-5369-3060（編集）
03-5369-2299（販売）

印刷所　株式会社フクイン

ISBN978-4-286-15574-6